Walter Repges · Als Gesandter am Hofe des Papstes

Walter Repges

Als Gesandter am Hofe des Papstes

VERLAG JOSEF KNECHT · FRANKFURT AM MAIN

Die Deutsche Bibliothek – CIP-Einheitsaufnahme

Repges, Walter
Als Gesandter am Hofe des Papstes / Walter Repges. – 2. Aufl.
– Frankfurt am Main : Knecht, 1994
ISBN 3-7820-0670-4

2. Auflage 1994. Printed in Germany.

Herstellung: L&J Publikations-Service GmbH, Weinheim
Umschlaggestaltung: Atelier Warminski, Büdingen,
nach einer Aufnahme des Bronzetors zum Vatikan
mit den Schweizergardisten.
(Foto: VOLLMER/present, Essen)
Satz: Fotosatz Otto Gutfreund GmbH, Darmstadt
Druck: Wiesbadener Graphische Betriebe GmbH, Wiesbaden
∞ Gedruckt auf alterungsbeständigem Papier
ISBN 3-7820-0670-4

Für Hanne

Vorbemerkung

Zwei Tage nachdem er es geworden, besuchte ich den neuen Leiter der Personalabteilung des Auswärtigen Amts. Ich überreichte ihm mein Buch *Berufsziel Exzellenz.* Das wird Ihnen eine Hilfe sein in Ihrem neuen Amt.

Er lächelte überlegen. Und was meinen Sie, was ich am vergangenen Wochenende gelesen habe? Und worüber ich heute vormittag mit meinen engsten Mitarbeitern gesprochen habe? Und welche Folgerungen wir gezogen haben?

Nun war es an mir, verdutzt zu sein. Ich lauschte gespannt.

Sie werden Gesandter am Hofe des Papstes.

So kam ich nach Rom.

Was ich dort sah, berichtete ich dem Auswärtigen Amt: objektiv, distanziert, wertneutral.

Was ich empfand, berichte ich hier: anders.

Inhalt

Versetzt nach Rom

Jede Versetzung setzt voraus, daß man zunächst woanders ist. Wir waren in Leefdaal, mitten in Belgien. Man sieht es noch heute. Wenn man unserem Auto folgt.

Denn Hannes erste Reaktion auf den Versetzungserlaß: Sie malte ein Schild mit einem roten Herz. Das Schild besagte: Ik hou van mijn Leefdaal. Im Umgangsdeutsch des ausgehenden 20. Jahrhunderts: I love my Leefdaal. Das klebten wir hinten ins Auto. Von innen vor das Heckfenster. Und sagten: Das nehmen wir mit nach Rom. Damit die Italiener staunend sehen, wie schön es doch in Leefdaal ist. Nicht nur in ihrem alten Rom.

Es wurde April. Es wurde Mai. Es wurde Juni. Der Himmel lachte unentwegt. 30 Grad im Schatten, 35, ja 37.

Die Belgier stöhnten. Sie nannten die Hitze infernalisch. Sie wußten nicht, woher sie kam und wozu sie diente. Ich nannte die Hitze himmlisch. Ich wußte, woher sie kam – vom Himmel natürlich, woher denn sonst – und wozu sie diente: zur Einstimmung.

Die Zukunft begann die Gegenwart zu fressen.

Das Buch, das ich schreiben wollte und diesmal auch schreiben sollte, hab ich nicht geschrieben. Und es wäre so schön geworden!

Den Urlaub, den ich nehmen wollte und diesmal auch nehmen durfte, hab ich nicht genommen. Und er wäre so schön geworden!

Statt dessen Abschiedsbesuche, Abschiedsessen, Abschiedsempfang. Letzterer vom Botschafter persönlich gegeben. Darum ganz groß.

Dabei immerzu und von allen Seiten gute Ratschläge. Für Rom.

Kaufen Sie einen Gebrauchtwagen, klein, verbeult, verschmutzt. Luxuswagen werden gestohlen. Gleich am ersten Tag. Auch der Ihre.

Essen Sie Eis nur auf der Piazza Navona. Das ist das beste. Zudem standesgemäß. Das Eis am Kolosseum ist für die Jugend von heute. Das Eis am Parlament für die Politiker von gestern. Und zu beiden wollen Sie doch nicht gehören.

Lernen Sie zu weinen. Das vor allen Dingen. Alle drei bis vier Wochen stirbt ein Kardinal, Erzbischof, hoher Würdenträger. Der Botschafter wird zu den Exequien eingeladen. Selbstverständlich. Und schickt seinen Vertreter. Ebenso selbstverständlich. Dieser muß dabei sein, Beileid bezeugen, weinen mit den Weinenden.

Besuchen Sie Prälat H. Er hat ein unendliches Wissen.

Besuchen Sie Bischof C. Schenken Sie ihm eine Uhr – und Sie gewinnen sein Herz.

Besuchen Sie Kardinal R. Haben Sie Zugang zu ihm, haben Sie Zugang zum Papst.

Lesen Sie die Papstgeschichte von Pastor.

Lesen Sie die Kirchengeschichte von Lortz.

Lesen Sie die Hintergrundinformationen von Cornwell.

Ich las. Dieses und noch mehr:

Rom ist die Stadt, in der sich alles sammelt, was scheußlich und schandbar ist. (Tacitus)

Ich liebe die Kirche. Denn sie läßt mich leiden. (Lubac)

Auch der Papst kann irren. Er weiß es nur noch nicht. (Küng)

So kam der Tag der Abreise. Zunächst nur ich allein. Wegen der Wohnungssuche. Schnell noch ernste Mahnungen an die Kinder. Den Töchtern hämmerte ich ein: Heiratet nie einen Motorradfahrer. Dem Sohn raunte ich zu: Fahre nie Motorrad. Das mindert die Heiratschancen. Die guten.

Dann fuhr ich los.

Zuerst nach Bonn. Zur Einweisung. (Beobachten Sie. Berichten Sie. Versuchen Sie, Einfluß zu nehmen.)

Dann nach Rom. Über Freiburg, Mailand und Assisi.

Der Vatikanstaat ist so groß wie Villiprott – an Fläche und an Einwohnerzahl. Er hat aber – im Gegensatz zu Villiprott – eine Kirche, eine Post, eine Bahnstation, ein Museum, einen Supermarkt und eine Apotheke. Und natürlich die Verliese des Vatikans: meterdicke Mauern, haushohe Tore, verwinkelte Innenhöfe, Flure, weit und menschenleer. Alles darauf angelegt, den Besucher bescheiden, demütig, ohnmächtig zu machen. So wie er sein soll, wenn er mit Prälaten, Bischöfen, Kardinälen spricht.

Joseph Lortz würde sagen: Das ist das Gesetz der Form. Die Kirche beherrscht es. Dort, wo sie noch funktioniert.

Noch etwas hat der Vatikan, was Villiprott nicht hat: Botschafter. Botschafter *von* ihm und Botschafter *bei* ihm. Die Botschafter *von* ihm sind etwas Besonderes. Sie heißen Nuntius. Zumindest Pro-Nuntius. Die Botschafter *bei* ihm sind ganz normal. Sie heißen Botschafter, weiter nichts.

So auch der meine.

Er begrüßte mich mit den Worten: Ich höre, Sie kommen nicht unvorbereitet. Nun, ich kam auch nicht unvorbereitet. Ich bin aus Köln. Das ist Vorbereitung genug.

Gleich am ersten Sonntag zog ich meine Humboldt-Krawatte an. Ich fuhr zum Friedhof an der Cestius-Pyramide. Dort sind zwei Söhne von Wilhelm von Humboldt bestattet, Wilhelm und Gustav. Kaum einer weiß es. Der Generalsekretär der Humboldt-Stiftung wußte es. Er hatte es mir gesagt: Dabei heißt seine Stiftung Alexander von Humboldt!

Und was auch kaum einer weiß: Wilhelm von Humboldt war der erste preußische Gesandte in Rom. Am Hofe des Papstes. Also gewissermaßen mein Vorgänger. Fast.

Vor ihm hatte es schon andere gegeben, die für den König von Preußen in Rom agierten und darum Agenten hießen. Aber sie hatten ohnehin in Rom zu tun gehabt. Und dort auch gewohnt. Keiner war vom König eigens dorthin gesandt worden. Erst Wilhelm von Humboldt. Darum war er zu Recht der erste Gesandte. Und hieß auch so. Er als erster.

Ich ging zum Grabe seiner Kinder – aus Pietät und aus Respekt. Und zur Wiedergutmachung. Denn Humboldt hatte sie nicht auf dem deutschen Friedhof in Rom bestatten dürfen, dem Campo Santo Teutonico. 1000 Jahre gab's den schon. Aber nicht für Protestanten. Heimlich, nachts, bei Fackelschein mußte man sie beisetzen, außerhalb der Mauern Roms, dort, wo sonst nur Kühe grasten. Und so etwas unter Brüdern!

Doch für die Wiedergutmachung kam ich zu spät. Sie war schon geschehen. Jetzt ist dort ein richtiger Friedhof. Mit Friedhofsmauern, mit Friedhofskapelle und mit einem Tor, das die Aufschrift trägt: Resurrecturis – Denen, die auferstehen werden. Also doch.

Ein weiteres Grab besuchte ich. Das des Sohnes von Goethe. Er tat, was der Vater selbst gerne getan hätte: in Rom sterben und begraben werden. Auf seinem Grabstein steht sein Hauptverdienst: daß er Sohn des großen Vaters war. Goethe filius, patri antecedens – Goethes Sohn, dem Vater vorausgehend. Wie er mit Vornamen hieß, wird verschwiegen. Bei diesem übermächtigen Vater offenbar auch nicht so wichtig. So kommt es, daß nur Eingeweihte wissen, daß er auch Walter hieß. Zwar nur mit drittem Vornamen. Aber immerhin.

Am zweiten Sonntag besuchte ich den Campo de' Fiori. Dort war Giordano Bruno verbrannt worden. 1600. Weil er nicht widerrief.

Auch hier brauchte ich nicht wiedergutzumachen. Das hatten andere schon vor mir getan. Inmitten des tagtäglichen Meeres von Blumen steht sein Denkmal. Errichtet 300 Jahre nach seinem Tode.

Der dritte Sonntag sah mich im Palazzo Farnese, im ehemaligen Prunksaal dieses Kardinalspalastes, vor dem Fresko von Martin Luther, gemalt von Francesco Salviati.

Wer hätte das gedacht! Keiner! Deshalb sagen viele: es stimmt auch nicht. Das ist nicht Luther. Luther in Rom, das kann nicht sein, das darf nicht sein, das ist auch nicht.

Wieder andere sagen: er ist es doch. Rom ist gar nicht so. Dort kann auch sein, was nicht sein darf.

Beweise liefert keiner. Deshalb habe ich gezählt, wie viele sagen, es ist Luther, und wie viele sagen, er ist es nicht. Es sind mehr, die sagen, es ist Luther. Also stimmt's.

Und in der Tat. Luther gehört dazu. Zum Rom der Päpste. Als Kehrseite der Medaille.

Als ich diese drei Exkursionen hinter mir hatte, tat ich, was auch andere am Wochenende tun: mich von Rom verführen lassen. Gärten, Brunnen, Speiseeis.

Speiseeis auf der Piazza Navona. Natürlich.

Brunnen überall.

Gärten im Vatikan. Zutritt für unsereins kostenlos.

Und dort kein Speiseeis, aber wieder Brunnen. Die schönsten – man höre und staune – vor mehr als dreihundert Jahren erbaut von Jan van Xanten!

Außer den Sonntagen waren auch die Werktage ausgefüllt. Und das in Rom!

Vormittags Antrittsbesuche. Bei Prälaten, Bischöfen, Kardinälen. Dazu auch bei Weltlichen: den Kollegen von den anderen Botschaften, den Leitern der deutschen Institute, den Vertretern von Presse, Rundfunk, Fernsehen.

Und nachmittags Wohnungssuche. Tag für Tag und wochenlang.

Der Vatikan liefert keine Unterkunft. Die Botschaft auch nicht. Also muß man sich was suchen.

Es sei denn, man ist Botschafter. Der hat natürlich seine Residenz, worin er residiert. Und was für eine. Ein Kleinod, ein Schmuckstück, ein Gedicht. Alexander von Branca hat es gebaut, dieses Gedicht. Im Jahre 1984. Alles, was zuvor von deutschen Botschaftern bewohnt worden war, war entweder konfisziert. Nach dem Krieg. Oder es war nur Mietwohnung gewesen, also nichts auf Dauer.

Branca baute nur dies eine Haus. An die Nummer zwei der Botschaft dachte er nicht. Leider. Wie sollte er auch, wenn ihm das keiner sagte. Daher hieß für mich auch hier die Devise der Freiheit: Selbst ist der Mann.

So ging ich auf die Suche nach einer Bleibe. Wenn ich dabei ein Mietobjekt betrat, begrüßte mich mal der Makler, mal der Hausbesitzer, mal der Hausverwalter.

Mal war die Begrüßung höflich-reserviert, mal freundlich-liebevoll, mal herzlich-warm. Stürmisch, ja überwältigend war sie vor dem Landhaus von Professor R. Leo, der dort auf mich wartete, klopfte mir auf die Schultern, die Arme, die Beine. Er umarmte mich, als wäre ich der lang ersehnte, endlich heimgekehrte Onkel aus Amerika. Ja, er erdrückte mich fast. Es nahm und nahm kein Ende. Ich versuchte, seine mehr als herzliche Begrüßung ebenso herzlich zu erwidern. Ich kraulte, streichelte, liebkoste ihn. Ich ließ alle Kosenamen auf ihn niederregnen, die mir in den Sinn kommen wollten: Mücke, Mausi, Ulliphippken.

Da nahm Leo meine Hand, führte sie zu seinem Mund und versetzte ihr einen schmatzenden – Biß.

Das war der Moment, in dem Domenico erschien, der andere, der zweibeinige Wärter. Ein Blick, ein Pfiff, ein Stein – und Leo war verschwunden.

Meine Hand ging zum Arzt, weil blutig.

Mein Anzug ging zum Schneider, weil zerfetzt.

Per dire la verità – um die Wahrheit zu sagen: Das Landhaus von Professor R. bot einen traumhaft schönen Blick auf den Tiber. Ich nahm es trotzdem nicht. Wegen Leo und der Gäste, die dann nur einmal kämen.

Als ich zwölf Häuser gesehen und nicht genommen hatte, suchte und fand ich das Haus meines unmittelbaren Vorgängers. Ich hatte es, dem Himmel sei's geklagt, nicht übernehmen können. Es lag auf dem Aventin. Dort, wo Rom noch Rom ist: alte Mauern, alte Tempel, alte Kirchen, Zypressen, Zedern, Pinien. Parks mit Blick auf den Petersdom. Kurzum: römisches Flair.

Da stand ich nun. Ich unterdrückte eine Träne. Auch die Frage: Warum geht's den anderen immer gut und nur uns Guten immer schlecht?!

Auch die Häuser anderer, die vor mir in Rom gewohnt und gewirkt hatten, zogen mich an. Vor ihnen unterdrückte ich die gleiche Träne und die gleiche Frage.

Das Haus Wilhelm von Humboldts, den Palazzo Tomati, fand ich in der Via Gregoriana. Nicht weit von der spanischen Treppe. (136 Stufen. Schon damals.) Der Palazzo war noch da. Aber nicht mehr der Blick, der zauberhafte Blick auf das Rom der alten Römer und der Renaissance. Neue Bauten hatten ihn verstellt. Eine Erinnerungstafel entdeckte ich nicht. Nur die Namensschilder derer, die jetzt dort wohnten. Sechs. Also Mietskaserne. So vergeht der Glanz der Welt. Ich fand das tröstlich.

Eine Gedenktafel trug das Haus des späteren preußischen Gesandten Barthold Niebuhr. Es war der Palazzo Savelli-Orsini, an der Westseite des Kapitols gelegen, ursprünglich ein Theater. Von Caesar geplant, von Augustus erbaut, nach Marcellus benannt. Kein Nachfolger von Niebuhr hatte mehr dort gewohnt. Und heute birgt der Palazzo Büros der römischen Stadtverwaltung. Diese stiftete auch die Tafel für den gelehrten »Minister der Deutschen«. Aus Rest von Anstand.

Das Haus des letzten preußischen Gesandten schließlich war das, was nach dem letzten Krieg konfisziert wurde. Es hieß und heißt Villa Bonaparte – wegen der Schwester Napoleons, Paolina Bonaparte, der es früher einmal gehört hatte. Die Preußen hatten es ihren

Erben abgekauft. Aber sie taten dann, was man nie tun soll: sie führten Krieg und verloren ihn. Und mit dem Krieg verloren sie die Villa.

Eines stellte ich bei meinem Suchen und Besuchen fest: in Rom gibt es zuviele Autos. Rein objektiv und ganz eindeutig. Menschen, Tiere, Obelisken leiden darunter. Gewiß: Organisierte Diebesbanden versuchen, Abhilfe zu schaffen. Doch es reicht nicht. Man muß schon selbst mit Hand anlegen. Man tut es mit den Füßen. Indem man Rom erwandert oder Metro, Bus und Tram besteigt. Und so die anderen kennenlernt, die gewöhnlichen, die Taschendiebe.

Roma veduta, fede perduta. Rom gesehen, den Glauben verloren. Den katholischen nämlich. So sagt man heute. Früher war das anders. Da hielt es der preußische Gesandte beim Heiligen Stuhl für dringend notwendig, seine protestantischen Landsleute vor der römischen Bekehrungsgefahr zu schützen. Er erreichte vom König von Preußen die Entsendung eines Gesandtschaftspredigers. Am 27. Juni 1819 war es so weit. Da fand der erste protestantische Gottesdienst in Rom statt. Im Haus des preußischen Gesandten. Es war die Geburtsstunde der deutschen evangelischen Gemeinde in Rom.

Der Gesandte, der so große Sorgen um seine protestantischen Landsleute hatte, war Barthold Niebuhr. Er hatte allen Grund dazu. Denn ausgerechnet einer seiner Vorgänger war katholisch geworden. Und das als Preuße. Es war einer, der sowieso in Rom lebte und noch kein Gesandter war. Johann Daniel Wilhelm von Uhden hieß er. Für ein kleines Salaire und einen großen Titel – Ministerresident durfte er sich nennen – wurde er für den König von Preußen tätig.

Doch Uhden tat, was er nicht sollte: er erlag den Verführungskünsten des römischen Katholizismus. Er konvertierte.

Kaum war das geschehen, da erlag er den Verführungskünsten einer römischen Schönheit namens Anna. Er heiratete sie.

Kaum war das geschehen, da erlag seine Anna den Verführungskünsten eines dänischen Bildhauers. Sie vergaß ihren Uhden.

Das alles nannte man damals einen Skandal. Es hatte auch die entsprechenden Folgen. Ehe entzwei. Ehre dahin. Karriere zu Ende.

Da sagten die Preußen in Berlin: Das kommt von das. Und schickten als Nachfolger Uhdens einen nach Rom, der in seinen Papieren stehen hatte: In der protestantischen Religion erzogen und von den Grundsätzen einer gesunden Philosophie erfüllt, ist er vor dem Blendwerk Roms sicher. Und dessen Generalinstruktion den Auftrag enthielt, die Vorgänge am päpstlichen Hof sorgfältig zu beobachten; denn man müsse die im Dunkeln wirkenden Kräfte der Hierarchie genau beleuchten, um ihre schädlichen Einflüsse abzuhalten.

Dieser Nachfolger war Wilhelm von Humboldt.

Nun, nicht alle Preußen in Rom hatten so gute Papiere und so eindeutige Instruktionen wie Humboldt. Deshalb mußte etwas geschehen. Und es geschah etwas. Barthold Niebuhr hatte dafür gesorgt.

Römische Hinterhöfe: Katzen, Romantik, Küchendünste mit Benzingeschmack.

Es war der 13. des Monats, 13 Uhr. Ich war auf dem Abschiedsempfang des jugoslawischen Botschafters. Der litauische Direktor der päpstlichen Musikhochschule, den ich für einen Deutschen gehalten und deshalb angesprochen hatte, stellte mich einem Herrn vor, den ich nicht kannte. Es war der Mann der Kusine der Frau des Enkels des in Sarajewo ermordeten österreichischen Thronfolgers Franz Ferdinand. Dieser Mann fragte nach meinem Befinden. Es war auf dem Nullpunkt. Wegen der ergebnislosen Wohnungssuche. Ich gab das unumwunden zu. Da sagte er: Ich sorge für Abhilfe. Ich habe ein Haus in der Nähe Ihrer Botschaft und darin eine Etagenwohnung. Die reicht für Sie. Kommen Sie noch heute, sie sich anzuschauen.

Ich kam noch am gleichen Tage vorbei, an eben jenem 13. des Monats, und betrat mein 13. Mietobjekt. Es reichte nicht. Es war zu klein. Und war nicht zeitgemäß: keine Garage, kein Aufzug, keine Fernsehantenne.

Man soll auch nie am 13. des Monats um 13 Uhr sich das 13. Mietobjekt anpreisen lassen. Auch nicht, wenn der Anpreisende der Mann der Kusine der Frau des Urgroßneffen des vorletzten österreichischen Kaisers ist. Und der Urgroßneffe selbst österreichischer Botschafter beim Heiligen Stuhl. Das war er nämlich.

Ich hatte keine Wohnung. Aber eine Fährte. Es war die des europäischen Hochadels. Diese verfolgte ich.

Die nächste Wohnung zeigte mir der Marquis von Spinoselli. Groß genug. Platz für drei Autos. Fürstlicher Preis: 24 000,– DM. Im Monat. Nicht im Jahr. Ich dankte. Ich war den Umgang mit Fürsten nicht gewohnt. Auch nicht den mit fürstlichen Preisen.

Doch vielleicht tut's ein Herzog. Ich traf nämlich den Herzog von Colonna. Den Herzog und die Herzogin. Und Sohn Flavio. Die Herzogin selbst zeigte mir das Objekt: eine umgebaute Bauernscheune mit Terrasse, Geranien, Rasen. Auf jeden Fall originell. Zudem weit außerhalb. Dort, wo der Lärm der Stadt in ländliche Stille und ländliche Idylle übergeht.

Die Herzogin bot mir einen Sherry an. Flüsterte mir zu: 24 000,– DM. Ich erbleichte. Da fügte sie vernehmlich hinzu: Im Jahr. Ich hätte beinahe auf der Stelle Ja gesagt. Doch zuvor noch erinnerte ich mich und sie an meine Pflichten: Ich muß zuerst den Botschafter fragen. Der hat das letzte Wort. Das ist nun einmal so. Doch ich frage ihn noch heute.

Der Botschafter sah die Sache anders. Nüchterner. Ihm hatte niemand einen Sherry angeboten. Jedenfalls nicht jetzt. Er sagte Nein. Zur Begründung erzählte er die stadtbekannte Geschichte von dem Herzog von Colonna.

Vor etwa zehn Jahren, als noch alles anders und der Bürgermeister von Rom kommunistisch war, enteignete dieser das gesamte Gut des Herzogs von Colonna. Entschädigungslos und für soziale Zwecke. Auf dem enteigneten Grund und Boden ließ er Wohnungen errichten. Für Asoziale. In der Hoffnung und wissenschaftlich begründeten Annahme, daß durch Änderung des Milieus aus den Asozialen zunächst Soziale und bei weiterem Fortschreiten des Fortschritts Sozialisten würden. Nur das Wohnhaus durfte der Herzog behalten. Das Wohnhaus, die Scheune und die Stallungen. Aus den Stallungen hatte er schon früher Häuser gebaut zum Vermieten. Aus der Scheune erst jetzt. Was daraus entstand, war das originelle Haus, das mich in Versuchung führte.

Der Botschafter meinte: Es sei Ihnen unbenommen, sich inmitten von Asozialen wohlzufühlen. Doch bedenken Sie: Das Haus soll Ihren Gästen offenstehen. Und Ihre Gäste sind Prälaten, Bischöfe, vielleicht gar Kardinäle. Die sind zwar, was ihre Dienstkleidung angeht, ebenfalls rot. Doch nicht so, wie der Bürgermeister sich Ihre Nachbarn wünschte. Und könnten sich unter diesen Roten ziemlich unwohl fühlen. Stellen Sie sich vor: Ihre Gäste begegnen Ihren Nachbarn! Sehen dann nicht beide rot?! Mit einem Wort: Ich rate ab. Aus sozialen Gründen.

Also wieder nichts.

Da sagte ich zu mir: Ich mag nicht mehr, ich will nicht mehr, ich tu nicht mehr. Ich warte auf den Zufall.

Sage mir, mit wem du umgehst, und ich sage dir, wer du bist. So einfach geht das. Dachte ich. Ich notiere einfach, wen der Papst empfängt und mit wem er sich unterhält, und schon weiß ich, wer er ist, dieser Papst. Und kann es dem Auswärtigen Amt berichten.

Der Osservatore Romano kam mir zu Hilfe. Er veröffentlicht jeden Tag die Namen derer, die beim Papst waren.

Ich notierte für einen einzigen Monat: 9 Kardinäle, 32 Erzbischöfe, 89 Bischöfe, 18 Apostolische Nuntii oder Pro-Nuntii. Sie kamen aus Afrika, Lateinamerika, Nordamerika, Ost- und Westeuropa, Vorderasien, Indien, Australien. Dazu kamen noch: drei Staatspräsidenten, ein Premierminister, ein Außenminister, ein Senator, eine Gruppe von Parlamentariern, ein Botschafter, die Gründerin und Präsidentin der Bewegung der Focolari Chiara Lubich, der Gründer und Leiter der Bewegung der Neokatechumenen Kiko Arguello, der Kaplan der Schweizergarde, die Präsidenten der japanischen Fernsehgesellschaften, der Direktor des Osservatore Romano, der Kommandant und die Offiziere und die Unteroffiziere des 31. Geschwaders der italienischen Luftwaffe, eine Gruppe von Kleinen Schwestern Jesu, eine Gruppe von buddhistischen Mönchen, die Teilnehmer an einem Kongreß der katholischen Universitäten, der lutherische Bischof von Tromsö und schließlich am Monatsende der Primas der Anglikanischen Kirche und Erzbischof von Canterbury Robert Runcie.

Ich staunte ob der Fülle der Besucher aus aller Welt. Waren das doch nur die, die zu Einzelgesprächen empfangen wurden. Hinzu kamen die -zig Gruppen – insgesamt Tausende, vielleicht gar Zehntausende von Personen –, die jeden Mittwoch bei der Generalaudienz empfangen und möglichst in ihrer Muttersprache begrüßt wurden.

Der Papst war also ein Mann von Welt. Und er war vor allem ein vielbeschäftigter Mann. Und ein leistungsfähiger.

Ich drückte mein Erstaunen unserem Prälaten gegenüber aus. Wir haben an der Botschaft nämlich einen Prälaten, nur für uns. Er ist Geistlicher Botschaftsrat. Andere Botschaften haben auch ihren Prälaten. Und nennen ihn Conseiller Ecclésiastique.

Unser Prälat staunte über mein Erstaunen. Und meinte: das sind doch nur die, deren Namen der Osservatore Romano veröffentlicht. Hinzu kommen noch die, die der Präfekt des Päpstlichen Hauses im letzten Moment dazwischenschiebt. So daß der Osservatore ihre Namen gar nicht veröffentlichen kann. Und schließlich die, deren Namen er nicht veröffentlichen soll. Das sind manchmal gerade die wichtigsten.

Da staunte ich noch mehr.

Und das wären?

Nun, in den letzten Wochen drei Metropoliten der Orthodoxen Kirche. Ein Bischof aus der Bundesrepublik. Ein Präsidentschaftskandidat aus Lateinamerika.

Und wie erfährt man das?

Er schmunzelte.

Durch Beziehungen.

Auch das war der Papst, wie ich sah: einer, der nicht alles an die große Glocke hängt. Der auch im stillen Fäden spinnt. Der noch weiter arbeitet, wenn die anderen meinen, sein Tagespensum sei erledigt.

Er fährt wie eine gesengte Sau. So sagt man in Deutschland. Er fährt wie Sanasi, der Fahrer des deutschen Botschafters beim Heiligen Stuhl. So sagt man in Rom. Und meint dasselbe.

Ob der Papst wohl weiß, wieviel Römer sich tagtäglich küssen?

Ich fuhr fort, Makler mit der Wohnungssuche zu beschäftigen, Zeitungsannoncen aufzugeben, Pförtner von luxuriösen Miethäusern zu bestechen, Wohnungen mir anzusehen. Nach der Pleite mit dem europäischen Hochadel allerdings nur mit halbem Herzen. Die andere Hälfte lauerte auf den Zufall. Jenen Zufall, der auch meinem Vorgänger seine Superwohnung beschert hatte.

Und siehe da. Der Zufall fiel mir zu. Es war auf dem Empfang, den der Großerzbischof von Lemberg gab. Aus Anlaß der 6. Synode der ukrainischen Bischöfe. Dort traf ich meinen amerikanischen Kollegen. Ihm vertraute ich mich an. Und dachte: Die Amis kennen keine Fürsten und keine Sozialisten. Und sie haben ein Herz für Neuankömmlinge. Sind sie doch selber Neuankömmlinge. Und das seit der Zeit der Pilgerväter.

Der Ami hörte schweigend zu – und wußte Rat. Rufen Sie den Housing Officer unserer Botschaft an. Einen schönen Gruß von mir.

Ich rief ihn an. Er hatte etwas für mich. Eine der vielen Wohnungen, die die Amis in Rom gemietet haben. An sich für ihre Leute. Aber manchmal auch für andere. Nämlich dann, wenn der Zufall es will.

Ich ging hin. Besichtigte. Ließ mich betören von der himmlischen Ruhe und dem Ausblick ins Weite. Und hauchte: I like it. I take it.

Kaum hatte ich das gehaucht, da lud mit ohrenbetäubendem Lärm die Diskothek schräg gegenüber zum abendlichen Tanz. Ich stürzte zum Hausmeister. Ist das immer so? Nein, nur ab 4 Uhr nachmittags und nur bis 4 Uhr nachts.

Ich nahm zurück, was ich im ersten Überschwang gehaucht hatte. Und hatte wieder nichts. Nur die bittere Erkenntnis: Nicht einmal auf den Zufall ist Verlaß.

Da stand ich nun wie Herkules am Scheidewege.

Sollte ich das Suchen bleiben lassen? Mich krank schreiben lassen? Mich gar wegen wohnungssuchebedingter Arbeitsunfähigkeit in den vorzeitigen Ruhestand versetzen lassen?

Oder sollte ich, statt zu lassen, etwas tun? Weiter suchen? Mich erneut an die Devise der Freiheit erinnern: Selbst ist der Mann?

Ich erinnerte mich. Nahm den Hörer. Rief sieben neue Makler an. Zeigen Sie mir morgen und nicht später das beste Haus in Rom – oder Ihr Ruf ist dahin.

Sechs zeigten mir, was sie für das beste hielten und was nicht das beste war. Sie verspielten ihren Ruf. Der siebte – es war eine Österreicherin aus Wien – gewann ihn. Sie zeigte mir das beste Haus in Rom. Besitzerin eine Salzburgerin. Das Haus war zwar nur eine bescheidene Etagenwohnung. Aber ein Stück Salzburg in Rom. Also märchenhaft. Für mich zu schön. Für Hanne gerade richtig. Ich legte es ihr noch in der gleichen Nacht zu Füßen. Vorerst nur telefonisch. Doch mit dem gewünschten Erfolg: Sie konnte wieder sorglos schlafen. Ich auch. Die Wohnungssuche war zu Ende.

Wenn mir nun einer kommt, der sagt (und es kam mir einer, der sagte), in seinem Haus sei Caesar ermordet worden und er wisse genau die Stelle, wo er sterbend und auf griechisch schrie: Auch du, mein Sohn Brutus (nämlich am Fuße der Pompejus-Statue, die noch jetzt bei ihm im Atrium steht), wenn so einer kommt, dann sag ich ihm: Und ich, ich wohne an der Milvischen Brücke, die schon stand, als Ihr Caesar überhaupt noch nicht geboren, geschweige denn ermordet war. Und dort, wo ich jetzt wohne, nördlich von eben dieser Milvischen Brücke, genau an dieser Stelle, dort schlug Kaiser Konstantin 312 seinen Nebenbuhler Maxentius aufs Haupt und rief triumphierend aus: Hurra! Victoria! Jetzt erlasse ich das Toleranzedikt von Mailand. Und später lasse ich die Konstantinische Schenkung erfinden. Doch schon jetzt, hier und heute, beginnt eine neue Ära. Die konstantinische Ära.

Jetzt wissen Sie, wo ich wohne!

Bereitschaftsdienst gibt es nicht, wie an anderen Botschaften. So stand es in dem Erfahrungsbericht zu lesen, der mir von der Botschaft zugesandt worden war. Statt dessen, so hieß es weiter, gibt es Papstmessen. Teilnahme ist Pflicht, auch für Ehefrauen. Diese in langem, schwarzem Kleid mit Schleier, die Herren in Frack mit schwarzer Weste.

Da hatten wir's.

Hanne hatte sich in Bonn eingekleidet. Sie traute den Italienern nicht. Ich ging zu Signor Buontalenti. Er wohnt auf der Via Verdi. Dort, wohin nur Taxis und Botschafterwagen fahren dürfen. Schon die Vorfahren von Signor Buontalenti hatten dort gewohnt und Fräcke geschneidert, wie der Papst sie liebte. Zur Ergänzung des eintönigen Rot der Kardinäle.

Mit Kennerblick und ohne Elle maß Signor Buontalenti Leibesumfang, Körpergröße, Schulterbreite. Nach fünf Tagen Anprobe. Nach sieben Tagen war das Meisterwerk vollendet. Alles saß wie angegossen: der schwarze Frack, die schwarze Weste, die weiße Fliege. Die schwarze Hose sowieso.

Jetzt war ich endlich vorzeigbar. Auch dem Papst.

Das erste Jahr: *Via Trionfale*

Wir wußten, daß das neue Jahr, wie jedes Jahr, mit der Neujahrsmesse beginnen würde. Zelebriert vom Papst persönlich. Im Petersdom. Und daß dazu das diplomatische Korps eingeladen werden würde.

Wir wußten auch, daß Papst Sixtus V. vor 400 Jahren festgelegt und Papst Paul VI. in diesem Jahrhundert ausdrücklich in Erinnerung gerufen hatte, daß Diplomatenfrauen in langem, schwarzem, hochgeschlossenem Kleid und mit ebenso schwarzem Schleier vor dem Papst zu erscheinen hätten.

Doch Hanne wußte noch mehr: daß Raissa Gorbatschow in kurzem, rotem Kleid und ohne Schleier zur Papstaudienz gekommen war.

Also beauftragte sie mich, der ich zwecks Wohnungssuche ja einige Monate früher in Rom war, zu beobachten, was die anderen täten.

Ich sah die Ehefrauen der Kollegen: alle sixtinisch-paulinisch korrekt gekleidet, wenn sie zur Papstmesse erschienen.

Doch dann sah ich, o Schreck (und ausgerechnet, als der Erzbischof von Canterbury da war), eine Dame vor mir in kurzem Kleid und ohne Schleier. Bei der Papstmesse! Ich sagte es sofort der Gattin des österreichischen Gesandten. Sie war a) ordnungsgemäß gekleidet und b) meine Nachbarin. Ich sagte: Was ist denn das, eine Dame ohne langes Kleid und ohne Schleier? Und das bei der Papstmesse? Die Antwort: Das ist keine Dame. Das ist eine Tochter.

Ich berichtete alles Hanne. Ihr Entschluß war gefaßt. Sie kaufte sich keinen Schleier. Sie kaufte sich einen Hut.

So fiel sie aus der Rolle und in das Blickfeld des italienischen Fernsehens. Das filmte nämlich den historischen Augenblick, wo Hanne zum ersten Mal einer Papstmesse beiwohnte. Nicht, weil sie dabei war. Sondern weil es die Neujahrsmesse war.

Doch damit nicht genug. Indiskret, wie das Fernsehen auch in Italien ist, übertrug es auch ihren Gang zur Kommunion. Eine Diplomatenfrau, die nicht Kommunistin ist und trotzdem – als einzige – die Keckheit besitzt, statt des üblichen Schleiers einen Hut zu tragen, der ihr obendrein noch steht, weil er schick ist – das war eine kleine Sensation. Das durfte dem Fernsehpublikum nicht vorenthalten werden.

Doch da passierte die zweite Sensation. Diese junge Frau, meine Frau mit Namen Hanne, reichte dem Papst zum Empfang der Kommunion die Hand hin. Und nicht die Zunge, wie alle vor ihr und alle nach ihr (die Feiglinge, wie sie mannhaft sagte). Der Papst zögerte. Doch dann legte er ihr das heilige Brot auf die Hand – was er, wie sich herausstellte, im Petersdom noch nie getan hatte.

Das sprach sich rund. Alle Fernsehzuschauer hatten es gesehen. Und einige sprachen Hanne darauf an. Sie sind doch diejenige, welche. Der eine fügte hinzu: Ich gratuliere. Der andere: Und was haben Sie sich eigentlich dabei gedacht, Sie?

Da wurde ihr mulmig. Sie fragte mich. Ich sagte: Tapfer. Und erteilte ihr die bedingte Absolution.

Das reichte ihr nicht. Deshalb fragte sie Kardinal R. Ja, eben diesen. Er saß nämlich eine Woche und zwei Tage später beim Abendessen neben ihr.

Sagen Sie, Herr Kardinal, wie ist das eigentlich hier in Italien mit der Handkommunion? Ist das üblich, ist das verboten, ist das erlaubt?

Der Kardinal, der bis dahin zu Scherzen aufgelegt schien, wurde plötzlich ernst. Es ist – man muß schon sagen leider – erlaubt. Erlaubt! Nicht geboten! Nur geduldet! Und das erst seit dem ersten Januar dieses Jahres. Vorher war die Sache klar. Da war es verboten. Aber im vergangenen Dezember fiel auch die italienische Bischofskonferenz um. Sie heulte mit den Wölfen. Sie schloß sich dieser modernistischen Strömung an. Sie erlaubte – ich wiederhole: erlaubte, mehr nicht! – diese Neuerung. So kommt es, daß auch der Papst im Petersdom – man stelle sich vor: der Papst im Petersdom, nicht etwa bei den ohnehin aufmüpfigen Deutschen in Köln oder bei den eben erst Bekehrten in Afrika – einer Dame aus dem diplomatischen Korps die Handkommunion gereicht hat. Ich weiß nicht, wer es war. Aber mir wurde nachher erzählt, daß es eine Dame war, die statt des vorgeschriebenen Schleiers einen Hut trug. Das Fernsehen hatte es gefilmt und live übertragen. Muß schon ganz schön emanzipiert gewesen sein, diese Dame. Vielleicht auch einfach zu jung.

Aber, um auf Ihre Fage zurückzukommen: Es ist erlaubt. Doch mein väterlicher Rat: Nehmen Sie sich diese Kollegenfrau nicht zum Vorbild. Gehen Sie, besonders beim Papst, so zur Kommunion, wie es Ihre Eltern getan haben und wie es Ihre Kinder oder spätestens Ihre Kindeskinder hoffentlich auch wieder tun werden.

Gesehen hatte ich den Papst schon oft. Zuletzt in ebendieser Neujahrsmesse im Petersdom. Vorgestellt wurde ich ihm jedoch erst beim Neujahrsempfang. Durch unseren Botschafter. Und dieser junge Mann, Herr Papst, ist mein Vertreter. Er hat schon viel von Ihnen gehört. Und brennt darauf, Ihnen die Hand zu drükken. Was ich prompt tat. Am folgenden Tag erschien ein Foto davon im Osservatore Romano. So einfach ist das.

Weniger einfach war der Weg zum Neujahrsempfang. Der Vatikan, dieses Gewirr von Palästen, Kapellen, Museen, hat elf Innenhöfe. Wir wählten den schönsten. Belvederehof. Bramante hat ihn gestaltet. Zumindest den Anfang damit gemacht.

Der Vatikan hat aber, o Schreck, nicht 11, sondern 997 Treppen (neunhundertsiebenundneunzig!), davon 7 zu Pferde begehbare und 31 geheime. Wir wählten nicht lange. Wir nahmen den Aufzug.

Dieser brachte uns nicht dahin, wohin wir wollten – zum Papst –, sondern dahin, wohin wir sollten: zum Herzogssaal, der Sala Ducale. Dort war eine Ehrenformation der Schweizergarde postiert. Sie grüßte zackig. Wir lässig – und schritten an ihr vorbei durch einen nach oben aufgeschlagenen, von Engeln getragenen Vorhang aus Stein. Aber Stein, dem Bernini Leben eingehaucht hatte.

Wir waren am Ziel. Das Ziel hieß Königssaal, Sala Regia. So genannt, weil er für den Empfang gekrönter Häupter reserviert war. Ursprünglich. Jetzt auch für den Empfang nicht gekrönter Diplomaten.

Aber königlich war der Saal geblieben. Nicht wegen der Diplomaten, die da in Frack oder Uniform oder Nationaltracht gelangweilt herumstanden, mit Orden behangen oder überladen, je nach Vergangenheit. Sondern wegen der Farbenpracht der Fresken. Sie zeigten Kaiser Friedrich Barbarossa, wie er in Venedig dem Papst die Füße küßte; Don Juan d'Austria, wie er bei Lepanto die Türken schlug; die Hugenotten, wie sie in der Batholomäusnacht hingemetzelt wurden; Papst Gregor XI., wie er unter dem Jubel der Römer aus Avignon zurückkehrte.

Papst Paul III. hatte all diese Fresken in Auftrag gegeben. Salviati, Vasari, Sabbatini, Zuccari hatten sie gemalt. Im 16. Jahrhundert. Für alle Ewigkeit wollte Paul III. festhalten, wie er sich den Kaiser wünschte: vor dem Papst in die Knie gehend; und wie die Türken: im Meer ersäuft; und wie die Protestanten: in einer einzigen Nacht erschlagen; und wie den Papst: als Triumphator in Rom einziehend.

Uns blieb nicht viel Zeit, die Wunschbilder eines Papstes zu bestaunen. Der Camerlengo hieß uns Platz nehmen. In der Reihenfolge der Anciennität der Botschafter. Der, der als erster gekommen war, als erster, und der, der als letzter gekommen war, als letzter.

Kaum hatte ich das Unbiblische dieser Reihenfolge konstatiert, schlug es 11. Unter dem marmornen Vorhang von Bernini schritten sie herein: Prälaten, Bischöfe, der Kardinalstaatssekretär, der Papst.

Der Doyen des Diplomatischen Korps begrüßte den Papst und übermittelte ihm unser aller Wünsche. Er war in Rom seit 20 Jahren und Doyen seit 15. Ebensooft hatte er dieselbe Rede gehalten. Man spürte es. Der Papst anwortete. Er war Papst seit 11 Jahren. Und seit 11 Jahren war seine Rede immer unerwartet neu. Man spürte es.

Der Papst machte seine Runde. Ließ sich vom Kardinalstaatssekretär die Botschafter vorstellen und von diesen ihre Mitarbeiter. Allen reichte er die Hand. Allen lieh er sein Ohr.

Mit Hanne sprach er auffallend lang. Deshalb hielt sich in der Botschaft das Gerücht, Hanne habe ihn angefleht, uns einen Klempner zu besorgen. Das Gerücht wurde für viele zur Gewißheit, als der Klempner tatsächlich am nächsten Morgen erschien. Es stimmte aber trotzdem nicht. Hanne hatte dem Papst nur für das neue Jahr weniger Sorgen gewünscht. Sie hatte ihm dieses aber ins falsche Ohr gesagt. Sie wußte nicht, was alle Welt inzwischen weiß: daß es ein Ohr gibt, auf dem der Papst nicht hört. Deshalb mußte sie das Ganze noch einmal wiederholen. Das war alles.

Der Papst hatte seinen Rundgang beendet. Je vous remercie de votre patience, sagte er. Auf fließend französisch. Wie seine Neujahrsansprache. Denn das ist beim Vatikan die Diplomatensprache. Natürlich.

Die Versammlung löste sich auf. Weil so viele es

wollten, wollten wir es nicht: den Aufzug benutzen. Wir wählten die Treppe, die unfehlbar richtige, die königliche: die Scala Regia. Das war wenigstens eine Treppe: breitausladend, von korinthischen Säulen umrahmt, in Büchern, die auch das Innere des Vatikans den Blicken Neugieriger preisgeben, als Prunkstück bezeichnet. Papst Alexander VII. hatte sie gestalten lassen. Von Bernini, eben dem, von dem auch die Statue der heiligen Teresa in Santa Maria della Vittoria stammt. Und der Brunnen der vier Flüsse auf der Piazza Navona. Und der Elefant, der einen Obelisken trägt.

Muß das eine Treppe sein! War es auch. Königlicher Ausklang eines königlichen Empfangs.

Die Scala Regia war Ausklang, nicht Ende des Neujahrsempfangs. Am Ende stand der Bericht ans Auswärtige Amt. Ich machte mich sogleich daran. Ich deutete an, was der Papst gesagt hatte, hob hervor, was er nicht gesagt hatte, und erläuterte, warum.

Der Botschafter war derweil einer Einladung des Kardinalstaatssekretärs gefolgt. Zu einem Essen. Und, wichtiger noch, zu einer Tischrede. Wie jedes Jahr. Dabei pflegte der Kardinalstaatssekretär die Worte des Papstes zu bekräftigen, abzuschwächen oder – pssst! – richtigzustellen. Kurz: zu verdeutlichen. Für den, der Ohren hatte zu hören. Ich machte meinen Berichtsentwurf ohne diese Verdeutlichungen. Der Botschafter sah ihn, prüfte, genehmigte ihn. Verdeutlichungen waren dieses Mal nicht nötig.

Sie wissen, warum ich diesen Bericht nicht unbesehen unterschreiben konnte?

Ich wußte es. Denn ich wußte, was ein Bericht über eine Neujahrsansprache des Papstes vor 117 Jahren schon einmal bewirkt hatte: Abbruch der diplomatischen Beziehungen.

Das war zu Zeiten Pius IX. und Bismarcks. Der Papst hatte sich einige Bemerkungen über den Kulturkampf erlaubt. Der preußische Geschäftsträger charakterisierte sie in seinem Bericht als wenig schmeichelhaft. Bismarck explodierte – und rief den Geschäftsträger nach Hause. Für volle neun Jahre. Bismarck war ohnehin geladen. Darum hatte es nur dieses kleinen Funkens bedurft. Und schon ging er hoch.

Geladen war er, weil der Papst dem, den Bismarck zum Botschafter des Deutschen Reichs beim Heiligen Stuhl machen wollte, das Agrément verweigert hatte: dem deutschen Kurienkardinal Fürst Hohenlohe-Schillingsfürst. Der Papst lehnte ihn ab aus dem gleichen Grunde, aus dem Bismarck ihn haben wollte: weil er ein Gegner des Unfehlbarkeitsdogmas und als solcher bekannt war. Und jetzt auch noch diese unflätigen Bemerkungen über den Kulturkampf. Dann auch keinen Geschäftsträger Preußens mehr.

Als Bismarck, durch Alter und den sieglosen Ausgang des Kulturkampfes gereift, 1882 doch wieder einen diplomatischen Vertreter zum Heiligen Stuhl schickte, war es nur ein Vertreter Preußens und obendrein nur ein Gesandter. Einen Botschafter des Zweiten Kaiserreichs beim Heiligen Stuhl gab es nie. Nur wegen eines Berichts über eine Neujahrsansprache des Papstes.

Ich hatte mir das gemerkt. Und daraus die Konsequenzen gezogen. Ergebnis: Aufgrund meines Berichts passierte genau das, was passieren sollte: nichts.

Der Botschafter war erleichtert. Ich auch.

Während die Großen dieser Erde von Konferenz zu Konferenz eilten, um den Status quo zu zementieren, goß er in unendlicher Geduld Tropfen um Tropfen auf das kleine Pflänzchen Freiheit, das – wie er wußte – in jedes Menschen Herz zu Hause ist. Er war sicher: es wird wachsen. Im Verborgenen zunächst. Doch dann unübersehbar. Und eines Tages würden seine Wurzeln so stark und seine Arme so breit sein, daß auch die dicksten Mauern dem großen Baume Freiheit weichen müßten.

Zuerst sagte er nur: Habt keine Angst.

Dann ließ er sie wissen: auch ihr seid wer, nicht nur die im Westen. Die Sprache der Unterdrückten erklang in den Gebeten, Gesängen und Ansprachen im Petersdom. Ihre Feste wurden auch im Petersdom gefeiert. Dem eben erst von Paul VI. dazu erklärten lateinischen Patron Europas, Benedikt, wurden flugs zwei slawische beigesellt: Cyrill und Methodius. Denn, so sagte er, Europa hört nicht an der Elbe auf.

Er sagte es nicht nur den Gläubigen. Er sagte es auch denen, die das kleine Europa bauten. Er sagte es in Straßburg, in Brüssel, in Santiago de Compostella – ja, er rief es ihnen in dramatischer Pose, wie er sie nun einmal liebte, lautstark zu von den Höhen des Montblanc.

Dann schrieb er Briefe: einerseits den Priestern und Gläubigen in den osteuropäischen Ländern, die des Trostes und des Zuspruchs bedurften; andererseits denen die das Dokument von Helsinki und damit die Verpflichtung zur Anerkennung der Menschenrechte unterzeichnet hatten. In schonungsloser Offenheit listete er auf, wo und durch wen diese Rechte verletzt worden waren. Er ließ es seine Legaten auf allen Folgekonferenzen von Helsinki wiederholen, bis hin zur letzten Konferenz von Wien, die ein Schlußdokument verabschiedete, das die von seinem Legaten in 10 Punkten vorgetragene Definition der Religionsfreiheit übernahm.

Derweil fuhr er fort, den Verfolgten Mut zu machen. Die Polen durfte er besuchen, die anderen nicht. Doch den einen wie den anderen – den Polen, den Litauern, den Tschechen, den Rumänen – stellte er Menschen vor Augen, die nicht Kommunisten waren und die es dennoch zu etwas gebracht hatten, so daß man sie bewundern, ihnen nacheifern und sich von ihnen an die Hand nehmen lassen konnte. Er erhob sie zur Ehre der Altäre, wie der kuriale terminus technicus nun einmal heißt.

Zugleich beauftragte er seine Sonderbotschafter, das östliche Europa zu bereisen; mit den Machthabern zu verhandeln; die Tür zur Freiheit einen kleinen Spalt zu öffnen: ein Bischof hier, ein Priesterseminar dort, und noch woanders die Erlaubnis zu einer großen Prozession. In den Zeitungen erschien eine kleine Notiz: Der Sonderbotschafter des Papstes war da; er hat mit den staatlichen Repräsentanten gesprochen. Die, die die Notiz lancierten, wollten dem Volk suggerieren: wir sind gar nicht so, wir sprechen sogar mit dem Papst. Die, die die Notiz lasen, wußten: wir sind nicht abgehängt, wir sind nicht verlassen, der Papst denkt an uns.

Als dann die Stunde kam, in der die Regime der Unfreiheit zusammenstürzten, da erinnerte der Papst in seiner Neujahrsansprache vor dem diplomatischen Korps an den Siegeszug der Freiheit von Warschau über Moskau, Prag, Budapest, Bukarest bis hin nach Berlin und legte für sich und die von ihm vertretene Kirche das Bekenntnis ab zu Freiheit, Demokratie und Pluralismus.

Die Befreiten wußten, wem sie ihre Freiheit nicht zuletzt verdankten. Sie sagten es ihm und luden ihn ein, gemeinsam im Herzen Europas das Fest der Freiheit zu feiern.

Während andere noch überlegten, ob sie nicht allmählich eine Delegation entsenden sollten, um Sondierungsgespräche zu führen, war er schon dagewesen und hatte nicht sondiert, sondern verhandelt – und erreicht, was er erreichen wollte.

Denn er war ein versierter Verhandlungspartner. Er kannte alle Tricks, vor allem die der anderen. Und Daten, Zahlen, Namen waren ihm allzeit präsent. Sprachen beherrschte er wie kaum ein zweiter. Er war allen haushoch überlegen.

Er war es, aber er zeigte es nicht. Sein Lächeln war nie überlegen. Es war natürlich. Wie sein ganzes Wesen. Darum war er so gewinnend, einnehmend, ja charmant.

Ich traf ihn, als er gerade von Rumänien zurückgekommen war, um in Rom den Außenminister von Ungarn zu begrüßen und drei Tage später in die Tschechoslowakei zu reisen.

Was er erzählte, war frappierend. Keine Zeitung hatte davon berichtet. Doch er erzählte ungeniert. Nicht um sich zu brüsten. Sondern weil es so war, wie er sagte – und wie man es nach Wochen auch bruchstückhaft in den Zeitungen lesen konnte.

Er sprach nicht nur mit Staatsmännern. Auch mit Kirchenleuten. Stärkte sie. Unterrichtete sie. Knüpfte Bande neu, die zerrissen waren. Verstand ihre Situation, weil er nicht nur die Geschichte der letzten 70 Jahre kannte, sondern auch die Jahrhunderte, die vorausgegangen waren, die Wunden, die die Vergangenheit geschlagen hatte und die man sich hüten mußte, wieder aufzureißen.

Er war Priester, Diplomat, Wissenschaftler in einem. Doch vor allem: er war ein Mensch mit Herz. Einer, den man – auch wenn man nur, wie ich, eine einzige Stunde mit ihm gesprochen hat – bewundern, achten, schätzen muß.

Jetzt ist er Nuntius in Moskau.

In Rom gibt es fünf Päpstliche Universitäten. Alle mit Promotionsrecht und Patronatsfest.

Es nahte das Fest des heiligen Thomas von Aquin, des doctor angelicus, Patronatsfest der Dominikaneruniversität Angelicum. Ich war eingeladen. Festansprache, Festkonzert, Festessen. Das übliche.

Bei Tisch saß ich neben einem deutschen Dominikanerpater. Sind Sie auch Professor am Angelicum? Nein, ich mache Heilige.

Er war Mitarbeiter in der Kongregation für die Heilig- und Seligsprechungen.

Vor 100 Jahren starb Kardinal Newman. Das Zentrum der Freunde Newmans organisierte ein Symposium. Ehrengäste – interessierte und uninteressierte. Vorträge – gute und weniger gute. Einer war wirklich gut. Der vom Erzbischof von Tours. Er stellte zunächst einmal fest: Un théologien de qualité, c'est chose rare. Ein Theologe, der was taugt, ist eine Seltenheit. Sodann zitierte er Newman: Wenn ich aufgefordert werden sollte, in einem Trinkspruch meine religiöse Überzeugung zum Ausdruck zu bringen, dann würde ich mein Glas auf das Wohl des Papstes erheben. Natürlich. Aber zuerst würde ich auf das Gewissen trinken und dann erst auf den Papst.

Soll mir einer sagen, Newman sei nicht aktuell. Und Rom nicht auf der Höhe der Zeit.

Der Verkehr in Rom schwankt weiterhin zwischen Chaos und Kollaps. Sanasi, unser Chauffeur, nennt ihn einen Dschungel. Ich vergleiche ihn mit einem Ameisenhaufen: man kommt am Ende doch immer wieder lebend heraus. Sanasi weiß aber, wie es besser werden könnte: Ein neuer Verkehrsminister muß her. Nicht ein Politiker – einer von denen, die viel reden und nichts verstehen. Sondern einer aus dem Volke. Einer, der selbst Opfer ist. Ein Berufsautofahrer. Ich.

Den einen treibt der Wecker aus dem Bett. Den anderen der Hahnenschrei. Den dritten schlicht die Angst, zu spät zu kommen.

Uns treibt nichts von alledem. Uns weckt der Wunsch, das Morgenrot zu sehen und danach die

Sonne selbst, wie sie hinter den Albaner Bergen hervorkriecht und sodann die Milvische Brücke und den Rest von Rom in Licht und Freude taucht.

Zu meinen Berufspflichten gehört die tägliche Lektüre des Osservatore Romano. Zuerst war ich fassungslos: der Papst in Seoul, der Papst auf Malta, der Papst bei den Kranken, der Papst zur Frage der Umweltverschmutzung, der Papst an die Pilger aus Altötting, der Papst ernennt, der Papst empfängt, der Papst, der Papst, der Papst.

Mir kam das alles vor wie ein Ölteppich auf einer Wasserfläche: funkelnd, glitzernd, in tausend Farben schillernd – und alles Leben unter sich erstickend und dem, der draußen steht, den Blick in die Tiefe verwehrend.

Da erfuhr ich, was vor einer Reihe von Jahren Kardinal Tardini dem französischen Botschafter geantwortet hatte. Dieser war zu ihm gekommen, um wegen eines Osservatore-Artikels zu protestieren. Tardini: Herr Botschafter, ich glaubte immer, Sie seien ein Mann von Geist. Wenn Sie aber den Osservatore lesen, kann ich das nicht mehr annehmen.

Von Stund an las ich täglich auch die Zeitung der Antiklerikalen und Linksliberalen. Seither weiß ich, was alles unter der Oberfläche passiert.

Dem Auswärtigen Amt schickte ich einen fulminanten Bericht über den Beitrag des Papstes zur Befreiung Osteuropas und seine Reise in die Tschechoslowakei, wo er als Sieger, Retter, Freiheitsheld gefeiert wurde.

In mein Tagebuch schrieb ich Meditationen über die Versuchungen eines Stellvertreters. Es sind, so meditierte ich:

– Versuchungen des Hochmuts, die den Vertreter sagen lassen: Ich bin der Weg. Statt zu sagen: Er ist es.

– Versuchungen der Macht, die haben will, was man sich schenken lassen soll. Und statt der Liebe, die man nicht »haben« kann, Gehorsam verlangt.

– Versuchungen der Angst, die statt zu vertrauen, ständig kontrollieren will. Sie vergißt, daß der Himmel noch kommen muß. Daß der Mensch darum notwendigerweise ein Wartender, Fragender, Unvollkommener bleibt. Daß jeder Versuch, schon jetzt alles zu regeln, die Erde zum Gefängnis macht.

Bevor ich das Tagebuch wieder zur Seite legte, kam mir das Gleichnis von der Saat in den Sinn, die von selber wächst. Und das andere von dem Unkraut, das wachsen darf bis zur Ernte. Und das Gedicht der großen Teresa von Avila, das mit den Worten schließt:

Ein wunschloses Sein
Gibt Gott uns allein.

Besucher. Oft fragen sie mich nach etwas Besonderem. Was nicht in jedem Reiseführer steht. Was nicht jeder zu sehen bekommt. Nur sie.

Ich zeige lieber das Allgemeine. Die große Linie.

Ich führe sie zunächst zum Palatin: Hier ist die Stelle, an der die kapitolinische Wölfin Romulus und Remus säugte. Und ihnen die Kraft gab, eine Stadt und ein Königreich zu bauen.

Sodann zur Kurie des Pompeius: Hier ist die Stelle, an der Caesar ermordet wurde. Und sterbend ausrief: Auch du, mein Sohn Brutus!

Schließlich zum Zirkus des Nero: Hier ist die Stelle, an der Petrus den Tod fand und begraben wurde. Und weitere Gräber, kontinuierliche Verehrung und eine Basilika an sich zog.

Danach ziehe ich die große Linie von dem Rom der Könige über das Rom der Caesaren zu dem Rom der Päpste. Und erzähle die Geschichte von dem hohen Prälaten im Staatssekretariat (jetzt ist er Nuntius im fernen Afrika, der arme Kerl). Dieser hatte mir zur Begrüßung gesagt: Und vergessen Sie dies eine nicht: Wir sind eine Monarchie.

Wenn ich dann noch eine Bemerkung über den genius loci anfüge, wundern sich meine Besucher über nichts mehr. Ihnen gehen vielmehr die Augen auf. Und sie sagen laut: Aha!

Jeden Morgen die gleiche Angst. Ob heute wohl die Räuber kommen? Jeden Abend – bis jetzt – die gleiche Freude: Unser Auto ist nicht gestohlen – wie das des Botschafters vor zwei Monaten. Hanne ist nicht überfallen worden – wie meine Sekretärin vor zwei Wochen. Die Einbrecher waren nicht da – wie schon bei drei Kollegen und zwei Nachbarn.

Einschneidendes Ereignis: Der Botschafter mußte gehen. Wie das Gesetz es befahl. Nur weil er 65 wurde. Dabei war er gut. Aber so ist das Leben. Auf einmal hört es auf.

Großer Empfang – von ihm. Kleine Rede – von mir. Un ambassadeur de qualité, c'est chose rare. So zitierte ich aus dem Vortrag des Erzbischofs von Tours über Newman.

Sein letzter Rat: Versuchen Sie, Schaden von Deutschland abzuwenden. Ich versprach's.

So wurde ich Chargé d'Affaires. Incaricato d'Affari auf italienisch. Aber die amtliche Sprache des vatikanischen Staatssekretariats ist Französisch. Also doch Chargé d'Affaires.

Im Petersdom durften Hanne und ich jetzt auf gepolsterten Sitzen Platz nehmen. Wie Kardinäle und Erzbischöfe und Botschafter. Und wir brauchten uns nicht mehr mit Holzstühlen zu begnügen. Wie der Rest der Botschaft. Und erst recht nicht mit Stehplätzen. Wie die Masse der Gläubigen.

An den monatlichen Essen der EG-Botschafter nahm ich fortan teil. Interessant. Bereichernd. Spannend. Wegen der Kollegen des Botschafters, die jetzt meine Kollegen waren. Mehr aber noch wegen der Ehrengäste.

Wir, die Ständigen Vertreter, haben zwar auch einen Club der Gesandten – also der jeweiligen Nummer 2 – mit regelmäßigen Treffen zum Mittagstisch. Auch wir haben unsere Ehrengäste. Aber eben nur die jeweilige Nummer 2. Jetzt jedoch die Spitzen. Das war Spitze.

Faszinierend war Erzbischof C., neuernannter Leiter des Päpstlichen Rats für die Einheit der Christen. Er kam gerade von Gesprächen mit der Orthodoxen Kirche in Moskau. Und war noch ganz angefüllt davon. Man spürte, daß er sein Métier beherrschte, daß er die Sorgen und Bedenken und Wünsche der Gegenseite respektierte, daß er die Gabe besaß, den anderen die eigenen Vorstellungen nahezubringen, daß er ein Brükkenbauer war. Jahrelang war er päpstlicher Diplomat gewesen. Einer von den besseren. Und hatte als solcher wiederholt mit der sowjetischen Regierung verhandelt. Besonders im Vorfeld des Besuchs Gorbatschows beim Papst. Aber gleichzeitig hatte er schon damals seine Anwesenheit in Moskau zu Gesprächen mit der Orthodoxen Kirche benutzt. Jetzt war er Nachfolger von Kardinal Willebrands. Das hieß: Die Verständigung mit den Orthodoxen hat Vorrang. Dafür ist C. der richtige Mann.

Als er ging, wußten wir nicht nur über den Stand der katholisch-orthodoxen Gespräche Bescheid. Wir wußten auch, wer in Kürze Kardinal werden würde.

Umwerfend war der Substitut, Erzbischof R. Auch er neu in seinem Amt. Gewiß, er hat noch den Kardinalstaatssekretär über sich. Aber der De-facto-Leiter des Staatssekretariats ist der Substitut. So war es schon immer. Und Erzbischof R. – davon konnten wir uns überzeugen – besitzt die dazu nötige Energie. Und das dazu nötige Selbstbewußtsein. Und den dazu nötigen Sachverstand.

Einer meiner Botschafter-Kollegen bemerkte: Er ist aus dem Holz geschnitzt, aus dem man Päpste macht. Und sitzt auf dem Posten, auf dem schon mancher gesessen, der es später wurde. Und er weiß es.

Gewinnend war Erzbischof Sch., der Sekretär der Bischofssynode. Er bereitet zur Zeit drei Synoden vor: die allgemeine, die europäische, die afrikanische. Er ist Belgier und spricht fließend fünf Sprachen. Mindestens. Mit ihm zu diskutieren, war ein Vergnügen. Keine Frage ließ er unbeantwortet. Und mit jeder Antwort wuchs der Stolz des belgischen Botschafters auf seinen Landsmann.

Nachher raunte er – der belgische Botschafter – mir auf flämisch zu: Sch. wird der nächste Papst. Warten Sie mal ab. Sie werden sehen.

Etwas Unerwartetes kam auf den Chargé d'Affaires zu. Bundesverdienstkreuze überreichen. Ich kannte das aus Brüssel. Allein, in Rom hatte ich nicht damit gerechnet. Ich hatte gemeint, Priester zu sein, sei die höchste Ehre, die ein braver Katholik erträumen könnte. Allenfalls noch Bischof, was ja Priestertum in Fülle ist. Aber ich hatte das Jesuswort vergessen: Macht euch Freunde mit dem ungerechten Mammon. Die Bundesrepublik Deutschland, aus christlicher Substanz zehrend, hatte dieses Wort nicht vergessen. Und beherzigte es. Sie machte sich Freunde mit Bundesverdienstkreuzen.

Meine Aufgabe war es, den Ordenssegen zu verteilen. Und zwar in einem angemessenen Rahmen. Wie es die Ordensrichtlinien des Auswärtigen Amts vorschreiben.

Bei einem Prälaten, Rektor eines Päpstlichen Kollegs, war der angemessene Rahmen ein Mittagessen. Bei einem Professor einer Päpstlichen Universität ein

Abendessen. Bei einem Bischof ein großer Empfang. Immer gewürzt mit einer Routine-Ansprache von mir (Tenor: Er hat es nicht nur gekriegt, er hat's auch verdient) und einer – meist – tränenerstickten Dankesansprache des Betroffenen.

Bei all diesen Essen, Empfängen, Ordensüberreichungen machte ich eine überraschende Entdeckung: Die Leute hier an der Kurie – am Hofe des Papstes – sind ja Menschen! Sie freuen sich über ein Bundesverdienstkreuz. Oder über ein schmackhaftes Abendessen. Oder ein Plauderstündchen ohne Streß.

Noch mehr menschliche Züge entdeckte ich zu meiner großen Freude: Die sind ja eitel, die frischgebackenen Monsignori mit ihrer schicken Prälatenuniform, wie sie so passend nur die Sartoria per Ecclesiastici in der Via Santa Chiara hinter dem Pantheon zu schneidern versteht! Wie sie sich wenden und sich bestaunen lassen! Das war gekonnt. Und wenn man den Cocktail-Gesprächen lauschte: alles wie anderswo. Sich über Kollegen lustig machen. Von der Karriere träumen. Neidisch sein auf die, die es schneller schafften.

Von Stund an fühlte ich mich an der Kurie wie unter meinesgleichen. Denn alles ist dort zu finden, was das Leben würzt und was nur der Spießer für Untugend hält.

Im Osservatore Romano las ich die ausführlichen Berichte von der triumphalen Reise des Papstes durch Mexiko. Mehr als 20 Millionen sahen den Papst. Und jubelten ihm zu.

Zu Hause angekommen, nahm ich die Bibel zur Hand. Dort las ich Römer 8,17: »Erben Gottes und Miterben Christi sind wir, wenn wir mit ihm leiden.«

Vom 23. bis zum 27. Mai Zehnter deutscher Katholikentag in Berlin. Auch der Osservatore Romano berichtete darüber. Als erstes, mit Balkenüberschrift auf der ersten Seite, ausführlich und in vollem Wortlaut das Grußwort des Papstes. Deutsch und italienisch. Zum Schluß eine kleine Notiz mit einer Zusammenfassung der Schlußansprache des Vorsitzenden der deutschen Bischofskonferenz.

Man muß eben Akzente setzen. Und die Gewichte richtig verteilen. Der Osservatore Romano tat's.

Großes Diner zu Ehren des Kardinalprimas von Ungarn. Hanne war fast verzweifelt. Sie mußte neben ihm sitzen. Oder vielmehr er neben ihr. Aus Gründen des Protokolls. Sie war ja schließlich die Hausdame.

Was soll ich denn nur mit ihm reden? Und wie? Ich kann doch gar kein Ungarisch.

Der Kardinalprimas erwies sich als der charmanteste Tischherr, den sie nur erträumen konnte. Und woher können Sie so fließend Deutsch? Aus Büchern. Ins Ausland reisen durften wir ja nicht.

Anlaß dazu, daß der deutsche Geschäftsträger den ungarischen Kardinalprimas zu Tische lud, war die Altarweihe in der Kirche Santo Stefano Rotondo, früher Nationalkirche der Ungarn, jetzt dem Collegium Germanicum et Hungaricum zugehörig und zudem Titelkirche eines deutschen Kardinals.

Zu dem Essen gehörte eine Tischrede. Zu der Tischrede gehörte die Erinnerung an Kardinal Mindszenty, Ministerpräsident Imre Nagy, Außenminister Horn. Das seien Namen, so sagte ich, die einem Lande, dessen Patron Stephanus ist, zur Ehre gereichten und die uns Deutschen Anerkennung, Bewunderung, Dank abnötigten.

Den anwesenden Ungarn ging die Rede zu Herzen. Doch statt sie im Herzen zu bewahren, wollten sie sie schriftlich haben. Für ihren Aktenschrank.

Im Studio von Radio Vaticana traf ich die Tochter unseres früheren Botschafters.

Wie geht's?

Blendend. Und Ihnen?

Ich stöhnte. Viel Arbeit. All die Berichte, die ich schreiben muß. All die Besucher, die ich betreuen muß. All die Essen und Empfänge, die ich geben muß. Und obendrein – nicht immer, aber oft – am Sonntag die feierlichen Papstmessen im Petersdom, zelebriert wie auf einer Bühne. Man selbst eingeplant als Statist. Unsere Frauen in Schleier gehüllt wie die Töchter Chomeinis. Wir in Frack und steifer Hemdbrust. Choreographische Realpräsenz ist das. Nur um zur Erhabenheit der Feier beizutragen. Sie kennen das von Ihren Eltern.

Da hakte sie ein. Kommen Sie einmal mit nach Sant' Egidio. Dort ist Freude. Dort ist niemand nur Statist. Dort ist alles echt.

Am nächsten Samstagabend gingen Hanne und ich nach Sant' Egidio. Es liegt in Trastevere = trans Tiberim. Zu deutsch (Xantener Deutsch): achter de wall.

Wir erfuhren Kirche einmal anders. Als Kirche, die man selber ist. Als Gemeinde, der man gerne angehört. Als Treffpunkt für die Jugend.

Wir hörten, was die Gemeinde Sant' Egidio sonst noch tut: Obdachlose versorgen. Verfeindete Brüder zusammenführen (Juden, Christen, Mohammedaner aus Jerusalem; in Rom trafen sie sich). Vertreter der großen Weltreligionen zum Gebet einladen.

Ein Stück gelebten Christentums. Und das in Rom.

Besucher aus Erfurt, Magdeburg, einer sogar aus Riga. Theologiestudenten. Ich verschaffte ihnen die Möglichkeit, an der privaten Frühmesse des Papstes teilzunehmen. Und anschließend mit dem Papst zu sprechen.

Sie waren wie benommen. Zum ersten Mal in ihrem Leben hatten sie ihr Land verlassen dürfen. Und jetzt nicht nur Rom, sondern auch der Papst.

Am Abend lud ich sie zum Essen ein. In ein urrömisches Lokal. Die Studenten erzählten. Von ihrer Welt, die uns neu und fremd war. Der aus dem Priesterseminar in Riga stammte aus Kasachstan. Seine wolgadeutschen Eltern waren dorthin verschleppt worden. Und hatten nicht nur den Glauben bewahrt. Sondern auch noch einen Sohn, der Priester werden wollte.

Erneut Besucher aus der DDR. Diesmal das Beste, was sie zu bieten hatte: die Präsidentin der Volkskammer. Und damit Staatsoberhaupt.

Ich begrüßte sie an der Grenze zwischen Italien und dem Vatikanstaat. Die Grenze ist – auch wenn man sie als solche nicht sehen kann – zu erkennen an der

Schweizergarde und diese wiederum an der Uniform von anno dazumal.

Frau Präsidentin erschien mit 14 Begleitern, acht aus Berlin, sechs von der DDR-Botschaft in Rom. Ich war bescheidener. Ich ersetzte Quantität durch Qualität. Mich begleitete Hanne.

Auf der unsichtbaren Grenze stehend sagte ich, was ich sagen durfte: Frau Präsidentin, seien Sie willkommen auf vatikanischen Gefilden. Ich fügte hinzu, was ich nicht hinzufügen durfte: Gnädige Frau, ich bewundere Sie.

Hanne war weniger poetisch. Sie sagte schlicht: Guten Morgen. Wie sich das gehört.

Dann machten wir einen Rundgang durch die vatikanischen Museen und den Petersdom. An einem Seiteneingang erwartete uns dazu unser Geistlicher Botschaftsrat. Ihm stehen nämlich alle Türen offen. Auch die Seiten-, Neben- und Hintertüren. Er übernahm die Führung, die kunsthistorische. Sie war gekonnt. Frau Präsidentin nannte ihn immerzu Herr Bischof. Seither plädiert er dafür, daß sie gesamtdeutsche Bundestagspräsidentin wird.

Ich entließ sie. Sie ging noch zum Papst. Privataudienz. Also allein. Es war der Höhepunkt ihrer Karriere. Sie wurde auch mit allen Ehren, die einem Staatsoberhaupt zustehen, empfangen: Ehrenformation der Schweizergarde, Eintragung ins Goldene Buch, Fotos fürs Gemüt und für die Zeitung.

Was das ist, ein Geistlicher Botschaftsrat? Nun, ein Glücksfall. Ein Glücksfall für ihn. Denn er ist plötzlich

Botschaftsrat und Beamter auf Lebenszeit. Vorher war er nur Geistlicher, weiter nichts. Und ein Glücksfall für uns. Denn er knüpft für uns die Fäden zu hohen, höchsten und allerhöchsten geistlichen Würdenträgern. Er schreibt die Berichte ans Amt, sobald es fromm und theologisch wird. Und er übernimmt kunsthistorische Führungen für hohe Tiere.

Die Präsidentin der Volkskammer war nicht das einzige Staatsoberhaupt, das ich begrüßte. Das nächste war unser eigenes. Der Bundespräsident.

Ich begrüßte ihn auf dem Militärflugplatz. Hohe Staatsgäste landen dort. Der Bundespräsident war ein hoher Staatsgast. Doch er nicht allein. Es folgte der Bundeskanzler, der Bundesminister des Innern, das halbe Kabinett.

Ich war dorthin geeilt, nicht weil der Bundespräsident und all die anderen hohen Herren etwa zum Papst gewollt hätten. Weit gefehlt. Sie wollten zum Endspiel um die Fußballweltmeisterschaft. Also schlicht nach Italien.

Doch es gibt ein ungeschriebenes Gesetz: Wenn so hohe Gäste nach Rom kommen, eilen beide Botschafter – ersatzweise Geschäftsträger – zum Flughafen. Gleichgültig, ob sie nach Italien wollen oder zum Vatikan. Der eine drückt ihnen nur die Hand. Der andere nimmt sie mit.

Dieses Mal kamen zu viele auf einmal. Da nahm der andere Botschafter, der in Italien akkreditierte, nur den Bundespräsidenten mit. Und der Bundeskanzler bekam meinen gepanzerten Dienstwagen. Ausnahmsweise.

Zum Dank dafür erhielten Hanne und ich je eine Eintrittskarte für das Fußballstadion. Man stelle sich vor: Hanne und ich im Fußballstadion. Mitten im Herzen des Volkes. Dort, wo Neid, Haß und Rachsucht wohnen. All die Dinge, die im Evangelium so schön aufgezählt sind.

Unser Sitzen im Herzen des Volkes war nicht umsonst. Deutschland trug den Sieg davon. Zwar nur eins zu null. Aber Sieg ist Sieg.

Auch die Italiener jubelten. Die Feinde unserer Feinde sind unsere Freunde. So sagten sie. Hatten die Deutschen doch die Argentinier besiegt. Und es ihnen heimgezahlt. Denn diese hatten die Frechheit besessen, zuvor die Italiener zu besiegen. Strafe muß sein. Und Gerechtigkeit.

Maradona weinte. Er, der Star der argentinischen Mannschaft. Er konnte die Niederlage nicht verwinden. Da jubelten die Italiener noch mehr.

Die Heimschaffung von Bundespräsident, Bundeskanzler und Bundesminister übernahm die andere Botschaft. Zuständigkeitshalber. Hanne und ich gingen derweil zu Fuß nach Hause. Froh, daß die Deutschen nicht verloren hatten. Und die Volkswut der abertausend deutschen Zuschauer nicht überzukochen brauchte.

Viele Kirchen seines Bistums hatte er schon besucht, er, der Papst und Bischof von Rom. Jetzt galt sein Besuch der Kirche der deutschsprachigen Katholiken Santa Maria dell' Anima.

Vor der Kirche hatten sich alle die aufgebaut, die ihn

begrüßen sollten und wollten. Der österreichische Botschafter im Stresemann. Ich mit Humboldt-Krawatte. Noblesse oblige. Bei ihm war es der Adel des Blutes. War er doch ein Habsburg-Sproß.

Bevor der Wagen mit der Nummer SCV 1 (Stato della Città del Vaticano) endlich vorfuhr, ein letzter Versuch, die Frage zu klären, wer die Ehre hätte, den Papst als erster zu begrüßen. Der Pfarrer der deutschen Gemeinde? Der Rektor des mit der Gemeinde verbundenen Priesterkollegs? Der österreichische Botschafter? Der deutsche Geschäftsträger? Alles Fragen des Protokolls und der Eitelkeit. Der Bischof von Münster löste sie. Ungefragt und unbefugt schritt er zum Wagen, dem der Papst entstieg. Heiliger Vater, im Namen der Bischöfe Deutschlands und Österreichs: Herzlich willkommen in der Kirche der Katholiken deutscher Zunge.

Es folgten die Leiter der beiden deutschsprachigen Botschaften. (Eine schweizerische Botschaft gibt es nicht beim Heiligen Stuhl. Daher nur zwei.)

Der Österreicher: Heiliger Vater, wir sind die beiden Schutzmächte.

Ich: Heiliger Vater, beten Sie für Deutschland.

Der Rest schloß sich formlos an: Pfarrer, Rektor, Weihbischof von Wien, Putzfrauen, Meßdiener, Gemeindeschwester. Händeschütteln, Gedränge, Einander-im Weg-stehen.

Der Papst verschwand in der Sakristei. Er legte seine Meßgewänder an und schritt zur heiligen Handlung.

Kein Klatschen, als er die Kirche betrat. Man war ja

nicht im Petersdom. Und auch nicht Italiener. Sondern deutsch, wie man nur noch im Ausland deutsch sein kann: seine Gefühle beherrschend, korrekt und steif.

Der Papst hielt eine Ansprache. Sie galt auch den Deutschen in Deutschland. Denn vom Schutz des Lebens sprach er. Das aber hörten die Deutschen in Deutschland nicht. Sie freuten sich vielmehr diebisch, daß der Papst sich diesmal als fehlbar entpuppte. Er nannte ein falsches Datum, als er darauf hinwies, wann zum letzten Mal ein Papst diese Kirche betreten hatte. (Es war im vorigen Jahrhundert.) Die deutschen Zeitungen berichteten davon. Genüßlich und in epischer Breite.

Nach dem Gottesdienst frühstückte der Papst gemeinsam mit Pfarrer, Rektor und den priesterlichen Hausbewohnern. Im Hofe versammelten sich die Chöre, der Kirchenchor der Gemeinde und der eigens herangeschaffte Göttweiler Knabenchor. Sie brachten dem Papst ein Ständchen. Er war gerührt und ließ sich mit ihnen fofografieren.

Dann kam der Papst zu mir. Danke, daß ich in der deutschen Gemeinde sein durfte.

Nun war ich gerührt. Ich dachte an einen meiner früheren Botschafter und dessen Ausspruch: Ein Botschafter bedankt sich nie; alles was er erhält, steht ihm zu.

Doch der Papst war anders. Er bedankte sich. Und blickte mich dabei mit seinen blauen Augen an.

An diesem Tag gewann der Papst mein Herz.

Aufregende zehn Tage. Aber wirklich.

Es fing alles so harmlos an. Ich berichtete, wie üblich, über alles, was mir berichtenswert erschien. Staatsbesuche, Kongresse, Bischofssynoden, Papstreisen, Verlautbarungen des Heiligen Stuhls. Wenn es geistlich war, schaltete ich unseren Geistlichen Botschaftsrat ein. So bei der Instruktion der Glaubenskongregation über die kirchliche Berufung der Theologen. Er – unser Geistlicher Botschaftsrat – hatte in Rom Theologie studiert und kannte das Wort distinguo. Abaelard hatte es in die Theologie eingeführt. In Rom war es hängen geblieben. Also distinguierte er: Eine Instructio ist eine Verlautbarung von niedrigem Verbindlichkeitsgrad.

Ich nahm das in meinen Bericht auf. Für die Kollegen im Auswärtigen Amt, die nichts von Abaelard wußten, formulierte ich es etwas blumenreicher, oder, wie man's nimmt, unverblümter. Ich schrieb: Eine Instructio ist, was den Grad ihrer Verbindlichkeit angeht, wie ein Wort, das in den Wind gesprochen wird. Mit Reaktionen seitens deutscher Professoren ist dementsprechend nicht zu rechnen. Der Glaubenskrieg findet nicht statt.

Doch dann kam alles anders.

Freitag

Die Süddeutsche Zeitung veröffentlichte eine sogenannte Tübinger Erklärung deutscher Theologieprofessoren. Sie lehnen die Instructio schlankweg ab. Ich sah nicht auf den Inhalt der Erklärung. Ich sah auf die

Zahl der Unterzeichner. 22. Gemessen an den 163 von Köln war das nichts. Ich war beruhigt.

Samstag

Auf der Straße begegne ich einem Prälaten der Glaubenskongregation. Er ist außer sich. Haben Sie das gelesen? Diese Erklärung von jenseits der Alpen? Von dort, wo der Geist nicht weht? Tübinger Erklärung heißt sie. Frankfurter müßte sie heißen. Ganz das Geschwafel der Frankfurter Schule. Was soll das schon heißen: Die Wahrheit erwächst aus dem Diskurs. Von wegen Diskurs. Die Wahrheit kommt von oben. Nämlich von uns. Ich habe das Schriftstück natürlich sofort dem Heiligen Vater vorgelegt. Und erläutert. Mußte ich. Und wissen Sie, was seine Reaktion war? O diese Deutschen! Wörtlich hat er das gesagt. Und genau in diesem Tonfall: O diese Deutschen!

Nun war es an mir, betroffen zu sein. Ich sah den Heiligen Vater schon dem neuen deutschen Botschafter das Agrément verweigern, der Bundesrepublik Deutschland das Konkordat kündigen, den Kölner und den Tübinger Unterzeichnern die venia legendi entziehen, dem polnischen Außenminister nahelegen, sich bei den 2+4-Verhandlungen querzulegen. Ich sah, kurz gesagt, Gefahr im Verzuge.

Ich dachte an das Wort des scheidenden Botschafters: Ihre erste Aufgabe ist es, Gefahr von der Bundesrepublik Deutschland abzuwenden. Und an die Weisung des Auswärtigen Amts: Beobachten Sie, berichten Sie, versuchen Sie, Einfluß zu nehmen.

Ich erkannte: Es muß etwas geschehen.

Ich beschloß, eine schlaflose Nacht zu verbringen und dann weiterzusehen.

Sonntag

Ich lud alle Referenten und Abteilungsleiter des Päpstlichen Staatssekretariats, die mit Deutschland zu tun hatten, zu einem informellen häuslichen Abendessen ein: deutscher Wein, deutsche Plätzchen, deutsche Atmosphäre. Dazu ein Bücherschrank voll Ratzinger. Ich nannte das Operation Charme. Ich dachte: Sie haben Einfluß auf den Papst und können, wenn er Böses mit Deutschland im Schilde führt, ihm das austreiben.

Montag

Ein Göttergeschenk. Der Vorsitzende der Deutschen Bischofskonferenz beim Papst. (Er war an sich wegen einer anderen Sache in Rom. Doch die ging schief.) Der Papst lud ihn sogar zum Mittagessen ein. Ganz tête à tête. Nur diese zwei. Und der polnische Sekretär des Papstes.

Den traf ich am Nachmittag. Er umarmte mich fast. Euer Bischof, so strahlte er mich an, ha fatto bella figura, bellissima figura. Wir sprachen italienisch miteinander. Polnisch konnte ich nicht. Deutsch wollte er nicht. Aus Prinzip. Obwohl er diesmal in der richtigen Stimmung war, alle Prinzipien über den Haufen zu werfen. Und siehe da. Er tat's. Zum ersten Mal. Es war wunderbar, so sagte er auf deutsch. Gratuliere zu eurem Bischof. Der Papst ist tief beeindruckt.

Dienstag

Zweites Göttergeschenk. Ich bekam per Telefax den ersten Bericht über den Europa-Kongreß in Speyer, organisiert vom Päpstlichen Rat für den Dialog mit den Nicht-Glaubenden und dem Dialog-Sekretariat der deutschen Bischöfe. Hauptredner von Rom die Kardinäle Poupard und Ratzinger, aus Deutschland Kardinal Meisner und Professor Robert Spaemann. Dazu Referenten aus 18 europäischen Ländern. An sich Aufgabe des Bonner Nuntius, darüber dem Staatssekretariat zu berichten. Doch ich kannte ihn als Zauderer. Ich beschloß, ihm zuvorzukommen. Schnell eine zugegebenermaßen reißerische Aufzeichnung: Deutsch-vatikanische Zusammenarbeit im Dienste Europas – Nahtlose Übereinstimmung in zentralen Fragen – Kardinäle Ratzinger und Meisner in Speyer gefeiert. Diese Aufzeichnung schickte ich mit vor Höflichkeit triefendem Begleitschreiben dem Kardinalstaatssekretär.

Mittwoch

Generalaudienz des Papstes in der Halle Paul VI. Sie faßt 10 000 Menschen. Und war, wie üblich, zum Bersten voll. Darunter fünf deutsche Pilgergruppen. Vor Beginn der Audienz suchte ich sie einzeln auf. Stellte mich als Vize-Botschafter vor. Gab ihnen Verhaltensmaßregeln.

Der ersten sagte ich: Macht's wie die Südamerikaner. Oder die Amis. Wenn ihr aufgerufen und dem Papst vorgestellt werdet, springt auf eure Stühle, schwenkt die Taschentücher, ruft ganz laut: Johannes Paul, er lebe hoch, hoch, hoooch!

Der zweiten sagte ich: Wenn ihr aufgerufen werdet, bringt dem Papst ein Ständchen. Singt einfach ein Lied, Maria zu lieben etwa, oder sonst ein Kirchenlied. Aber laut, so daß es jeder merkt, vor allem der Papst.

Der dritten gab ich ein eilig angefertigtes Transparent. Das entrollt ihr, sobald ihr aufgerufen werdet. Denn darauf steht: Deutschland grüßt seinen Papst. Ihr braucht keine Hemmungen zu haben. Auf einer Generalaudienz geht's immer zu wie auf einem Jahrmarkt. Andere schmettern mit Trompeten, werfen Hüte in die Luft. Ein Transparent ist dort eine Selbstverständlichkeit.

Der vierten sagte ich: Ihr legt die Hände an den Mund und ruft: Wir wollen unseren Papst in Deutschland sehen.

Der fünften: Ihr klatscht ganz einfach in die Hände, mindestens drei, vier, fünf Minuten lang, und ruft: Bravo, Bravo, bravissimo.

Nebenbei: Weil ich gesagt hatte, ich sei der deutsche Vize-Botschafter, taten die Pilgergruppen tatsächlich, was ich ihnen angeraten hatte. Ich strahlte.

Donnerstag

Ein Brief vom Kardinalstaatssekretär. Auf Büttenpapier und auf deutsch: Habe Ihre ausgezeichnete Aufzeichnung noch am gleichen Tage Seiner Heiligkeit vorgelegt. Seine Heiligkeit hat sich hochbefriedigt über dieses weitere Zeugnis deutsch-vatikanischen Einvernehmens geäußert.

Freitag

Der polnische Außenminister beim Papst.

Samstag

Ich suche den Sekretär des Papstes auf. Unter irgendeinem Vorwand. Den Vorwand wischt er beiseite und kommt gleich zur Sache: Der Papst hat dem polnischen Außenminister gesagt, er könne den Deutschen vertrauen und sich mit den Resolutionen der beiden deutschen Parlamente zur Grenzfrage zufriedengeben. Dieser hat das akzeptiert und versprochen, den 2 + 4-Gesprächen keinen Stein mehr in den Weg zu legen.

Sonntag

Dem allsonntäglichen Angelusgebet fügt der Papst – vom Fenster seines Arbeitszimmers aus zu der auf dem Petersplatz versammelten Menge sprechend – einige kurze Bemerkungen politischer Natur an. Sie münden in die Worte: Ich segne das geliebte deutsche Volk, besonders jenen Teil, der nach Jahrzehnten der Unterdrückung seine Freiheit wiedergefunden hat.

Ich atme auf. Geliebtes deutsches Volk hat er gesagt. Gesegnet hat er und nicht verflucht. Der Schaden ist von Deutschland abgewendet.

Montag

Reflexionen über das Geschehene. Es war in Wirklichkeit noch viel aufregender, als ich es hier geschildert habe. Und in seinem Ablauf etwas anders. Ich gebe das zu. Will ich doch hier die erlebte Wahrheit wiedergeben, nicht die historische. Wie diese war, steht in meinem Bericht ans Auswärtige Amt. Und der ist geheim.

In den Stimmen der Zeit fand ich zwei Antlitze der Kirche beschrieben.

Das eine von Gertrud von Le Fort: Du bist wie eine beständige Flamme über wirbelnder Asche! Du bist wie ein Turm inmitten reißender Wasser! Du bist das einzige Zeichen des Ew'gen über dieser Erde!

Das andere mit den Worten Karl Rahners: Die Schriftgelehrten und Pharisäer werden immer wieder »das Weib« vor den Herrn schleppen. Und dieses Weib wird es nicht leugnen können. Sie ist die arme Kirche der Sünder. Und sie steht vor dem, der ihre Sünde besser kennt als ihre Ankläger. Er aber schweigt und schreibt ihre Sünde in den Sand der Weltgeschichte, die bald ausgelöscht sein wird – und ihre Sünde mit ihr.

Da erinnerte ich mich an die, die eine Kirche wollen, die funktioniert – und an die, die dagegen rebellieren –

oder neue Formen suchen, ihrem Herrn zu folgen – oder lautlos sich von einer solchen Kirche distanzieren – oder weder rebellieren noch reformieren noch sich distanzieren, sondern gottergeben dulden und ertragen.

Den Schluß zog ich selbst. Die Kirche ist, wie sie ist: zwiespältig, uneins, zerrissen. Doch die Zerrissenheit der Kirche ist wie der zerfetzte Leib des Herrn. Der, wäre er nicht zerfetzt, uns nicht erlöste.

Im August leert sich Rom. Die Küste lockt. Die Berge laden ein. Die Verwandtschaft wartet.

Rom gehört jetzt den wenigen, die bleiben. Diese entdecken ihr Talent zum Rennfahrer. Ich auch. Mit 120 Sachen durch das alte Rom zu brausen, ist einfach berauschend. Ein Gefühl wie Goethe.

Dessen Worte flossen mir unwillkürlich von den Lippen:

> O wie fühl ich mich in Rom so froh!
> Hier allein empfind' ich,
> Was ein Mensch und wer ich selber sei.

Goethe sprach diese hehren Worte, auf einem echt antiken Säulenstumpf im Forum Romanum sitzend, den Blick auf den Titusbogen gerichtet. Ich, im Auto über die Via Flaminia brausend, den Blick auf den Tacho gerichtet.

Welch ein Abstieg!

Im September wird der Verkehr wieder normal, das heißt chaotisch. Da wurde mir von Tag zu Tag mehr bewußt:

Eine Vespa müßte man haben. In Rom.

Dann könnte man sich überall durchschlängeln. Dann könnte man Einbahnstraßen in der Gegenrichtung fahren. Man könnte auch rechts überholen.

Dann hätte man immer Vorfahrt – auch und erst recht bei rot. Dann hätte man nie Probleme mit dem Parken – man nähme die Vepsa mit ins Büro. Dann dürfte man sogar über den Ponte Milvio fahren – an sich für Fahrzeuge aller Art gesperrt.

Dann brauchte man kein Nummernschild. Dann brauchte man keinen Führerschein. Dann wäre man ein freier Mann.

Eine Vespa müßte man haben? Eine Vespa *muß* man haben! In Rom.

Assisi. Zwei Tage die Stadt besucht. Zwei Wochen über Franz und über Assisi gelesen. Zwei Sätze notiert aus dem Buch von Joseph Lortz über Franz, den unvergleichlichen Heiligen: Von Gott sich unmittelbar führen lassen. Freiheit in der Bindung verwirklichen.

Henri de Lubac würde sagen – hat gesagt: Il faut tenir les deux bouts de la chaîne. Beide Enden festhalten.

Italienischer Kommentar zur deutschen Wiedervereinigung:

Era meglio quando era peggio. Besser war's, als es schlechter war.

Fast ein halbes Jahr dauerte die kondensierte Erfahrung dessen, was des Menschen Leben ist: Wartezeit. Dann kam der neue Botschafter.

Zuerst, als ich gefragt wurde, wer der Neue sei, legte ich immer die Hand aufs Herz wie der amerikanische Präsident, wenn er die Nationalhymne hört, und antwortete: Ich weiß es nicht. Ich wußte es tatsächlich nicht.

Dann, als ich es wußte, aber nicht verraten durfte, sagte ich: Er ist der Beste.

Und schließlich, als ich's verraten durfte, weil ich sein Agrément erhalten hatte, differenzierte ich.

Den Botschaftsangehörigen sagte ich: Er ist ein Mann mit Gemüt. Denn er liebt Musik und Blumen.

Wenn mich einer von der Kurie fragte, sagte ich: Er ist ein Mann nach dem Herzen des Heiligen Vaters. Und auf die unweigerliche Zusatzfrage »Wieso?« erläuterte ich, daß der Heilige Vater alles liebt, was aus dem Osten kommt – auch wenn er es nicht immer sagt.

Und im Kreise der europäischen Botschafter, mit denen zusammen ich einmal im Monat zu Mittag speiste und französisch sprach, sagte ich schlicht: Le nouvel ambassadeur, c'est un enrichissement. Er ist eine Bereicherung. Und auf die auch hier unausweichliche Zusatzfage »Wieso?« verriet ich, daß er nicht aus Buenos Aires, Bonn oder Washington käme wie seine Vorgänger, also aus der westlichen Welt, die sowieso die unsere ist, sondern aus der vielen unbekannten und darum viele bereichernden Welt Ostasiens. Und als dann jemand weiter fragte »Wieso?«, erzählte ich die Geschichte von den japanischen Gärten, die ich gerade in der anerkanntermaßen seriösen Zeitschrift Communio gelesen hatte und die von dem Pariser Professor Archambault stammt. Dieser schreibt, die Gärten von Versailles seien typisch europäisch-rational, eine Vergewaltigung der Natur, für den Menschen keine Bereicherung, sondern nur ein Abbild seiner Hybris. Die japanischen Gärten hingegen seien die Hereinnahme der unverfälschten Natur, eines Sees, eines Wasserfalls, einer Pflanzengruppe, wie sie ohne den Menschen wird, und damit eine Einladung zum Betrachten, zum Bewundern, zum Staunen, und insofern eine Bereicherung.

Schließlich kam er selbst. Zur Begrüßung erhielt er von Hanne und mir eine Flasche Wein, von allen Botschaftsangehörigen einen Blumenstrauß und von Schiller ein Gedicht. Es lautete:

Ich ließ
Die Heimat hinter mir, in schnellem Lauf
Durchzog ich Frankreich, das gepriesene
Italien mit heißem Wunsche suchend...
Wie ward mir, als in Rom
Der Säulen Pracht und Siegesbogen mir
Entgegenstieg, des Kolosseums Herrlichkeit
Den Staunenden umfing, ein hoher Bildnergeist
In seine heitre Wunderwelt mich schloß!...
Wie wurde mir, als ich ins Innre nun
Der Kirchen trat, und die Musik der Himmel
Herunterstieg, und der Gestalten Fülle
Verschwenderisch aus Wand und Decken quoll...
Als ich den Papst drauf sah in seiner Pracht

Das Hochamt halten und die Völker segnen.
O was ist Goldes, was Juwelen Schein,
Womit der Erde Könige sich schmücken!
Nur Er ist mit dem Göttlichen umgeben.
Ein wahrhaft Reich der Himmel ist sein Haus,
Denn nicht von dieser Welt sind diese Formen.

Das sagte ich ihm selber auf. Und zwar im Kreise von auserwählten Gästen, mit denen wir zu Abend speisten. Im Saale Pinturichio. Dort, wo andere Hochzeit feiern. Oder, wenn's solange hält, Silberhochzeit.

Das war das inoffizielle Eintreffen des neuen Botschafters. Offiziell ging das anders. Streng nach Protokoll. Und einen Schritt nach dem anderen.

Der Botschafter trifft ein. Ich melde dem Protokollchef des Staatssekretariats: Der Botschafter ist da. Der Protokollchef wartet einen Tag. Der Botschafter soll sich von den Strapazen der Reise erholen. Dann fährt er vor, der Protokollchef. Ich geleite ihn ins Zimmer des Botschafters. Dort heißt er ihn willkommen im Namen des Kardinalstaatssekretärs. Und bespricht die nächsten Schritte.

Der Botschafter macht Besuch beim Vertreter des Kardinalstaatssekretärs. Übergibt ihm das Doppel des Beglaubigungsschreibens. Er macht auch Besuch beim Leiter der Sektion für die Beziehungen mit den Staaten – dem Außenminister des Vatikans –, bei den anderen Botschaftern, bei den Leitern der Päpstlichen Dikasterien (Ministerien heißt das bei den Kindern dieser Welt). Und wartet. Bis die Nachricht kommt: Nächste

Woche Donnerstag, morgens um 11 Uhr, Übergabe des Beglaubigungsschreibens an Seine Heiligkeit, den Papst. Eingeladen sind seine ganze Familie einschließlich Schwiegermutter (Der Papst ist gar nicht gegen Schwiegermütter. Wer das Gerücht nur aufgebracht haben mag!) und von der Botschaft alle die, die auf der Diplomatenliste stehen.

Der Tag bricht an. Die Stunde naht. Wir stehen in der Eingangshalle der Botschafterresidenz – je nach Geschlecht entweder im langen schwarzen Kleid oder im Frack. Drei Dienstwagen des vatikanischen Protokolls rauschen heran. Sie bringen uns zum Cortile San Damaso im Vatikan. Die Schweizergarde salutiert. Wir begeben uns zur Päpstlichen Bibliothek.

Zunächst wird der Botschafter alleine vorgelassen. Er übergibt dem Papst sein Beglaubigungsschreiben (diesmal das Original), das Abberufungsschreiben für seinen Vorgänger und den Text der Rede, die ich ihm aufgesetzt und die das Auswärtige Amt gebilligt hatte. Er braucht seine Rede nicht zu halten. Der Papst die seine auch nicht. Statt dessen vertiefen sich beide in zwei Sessel und ein Vieraugengespräch. Keiner von uns ist dabei. Daher der Name Privataudienz. Und der Text der Reden erscheint am nächsten Tag im Osservatore Romano. Als wären sie gehalten worden. So erging es den Reden wie einem Konzert, das man nur auf dem Umweg über die Zeitungskritik genießt.

Die Privataudienz ist zu Ende. Der Botschafter stellt seine Familie vor. Dann seine Mitarbeiter. Zum Schluß das obligate Foto: wir beim Papst, der Papst in unserer Mitte.

Anschließend noch Besuch des Botschafters beim Kardinalstaatssekretär. Jetzt ist er richtig da, weil akkreditiert, auf deutsch: beglaubigt.

Große Schau in Rimini. Katholikentag auf italienisch. Star des Jahres Kardinal R.: Die Kirche befaßt sich zu sehr mit sich selbst, mit ihrem zu großen Apparat. (Jubel der Massen.) Je mehr Apparat, desto weniger Geist, desto weniger Freiheit. (Brausender Beifall.) Das Eigentliche ist doch, daß Gott uns angeredet hat. Weil er uns mag. (Betretenes Schweigen.)

Der Sommer ist zu Ende. Der Winter rückt näher. Die Luft wird wieder klar. In der Dämmerung sehen wir von unserer Wohnung aus hinten in den Albaner Bergen die Umrisse des Monte Calvo, was in Xanten Kahle Plack bedeutet. Zu seinen Füßen gehen die Lichter von Rocca di Papa an. Dort lebt und leidet Luise Rinser. Und wartet auf unsere Gebete.

Für das Auswärtige Amt war der Jahresbericht fällig. Nur das Wichtigste. Nur acht Seiten. Ich berichtete
– über die Reisen des Papstes in die Tschechoslowakei, nach Mexiko und nach Afrika;
– über die Ernennung des neuen Bischofs von Chur und deren Folgen;
– über die Instructio über die kirchliche Berufung der Theologen;
– über die achte Bischofssynode;
– über die Europapolitik des Vatikans und die Haltung des Papstes zur Wiedervereinigung.

Ich berichtete auch über die Gastvorlesungen an der Päpstlichen Universität Gregoriana. Gehalten von keinem Geringeren als Eduard Lohse. Früher Professor für Neutestamentliche Exegese an der Universität Göttingen, 17 Jahre lang Bischof der Hannoverschen Landeskirche, 6 Jahre lang Ratsvorsitzender der Evangelischen Kirche in Deutschland. Jetzt pensioniert und abgeklärt und weise. Seine Thema: Der Römerbrief. Ein evangelischer Bischof hält in Rom Vorlesungen über den Römerbrief! An einer Päpstlichen Universität! Über den Brief, den Luther anders interpretierte, als es dem Tetzel gefiel. Mit den sattsam bekannten Folgen.

Doch damit nicht genug. Zum Abschluß ein öffentlicher Vortrag von eben diesem Bischof Lohse: Wie sah Paulus Petrus und sein Apostelamt?

Wer auch kam und sich in die Schar der Zuhörer reihte, war der Präfekt der Glaubenskongregation.

Doch etwas berichtete ich nicht. Es war zu schön. Zu schade für einen Bericht ans Auswärtige Amt. Ich behielt es lieber für mich. Es betraf die Sixtinische Kapelle. Seit kurzem erstrahlt sie in neuem Glanz, der der Glanz des Ursprungs ist. Das Jüngste Gericht ist noch verhangen. Seine Renovierung wird erst in zwei, drei Jahren abgeschlossen sein. Doch allein das, was seine erste Frische wiedererhalten hat, macht das Herz ganz weit, läßt manchen Schmerz vergessen, erfüllt mit Staunen, Dank, Bewunderung.

Ging doch jedes Jahr wie dies zu Ende: unterm Himmel Michelangelos!

Das zweite Jahr: *Via del Sudario*

Kurz nach Neujahr. Neujahrsempfang des Papstes. Auch wir waren eingeladen. Sozusagen.

Denn streng genommen waren nur die Herren Diplomaten eingeladen. Die Ehefrauen durften mitkommen. Mehr nicht. »Für Ehefrauen, die mitkommen wollen, werden eigene Plätze reserviert.« So stand es in der Einladung. Wörtlich und auf französisch.

Als Hanne das las, war sie ganz schön sauer. Sie fand das diskriminierend. Doch sie ging mit. Sie dachte an die Sala Ducale. Sie würden wir durchschreiten: begrüßt von einer Ehrenkompanie der Schweizer Garde, beglückt von der Farbenfülle der Fresken von Reggio, angelockt von dem weit aufgeschlagenen Marmorvorhang von Bernini. Und sie dachte an die Sala Regia. Dort würden wir Platz nehmen. Inmitten von Gemälden, die mehr verkündeten als das, was sie darstellten: einen Hauch von Ewigkeit.

Wir durchschritten die Sala Ducale. Wir betraten die Sala Regia. Unser Blick fiel auf das Fresko von Sabbatini: Friedrich Barbarossa, Papst Alexander III. die Füße küssend. Wir erinnerten uns an Kaiser Franz-Joseph von Österreich. Er hatte dort gestanden, wo wir jetzt standen. Sein Blick war dorthin gefallen, wohin jetzt unsere Blicke fielen. Und sein Mund hatte die geflügelten Worte geprägt, die uns jetzt in den Sinn kamen: Tempi passati.

Unsere Wege trennten sich. Für die Ehefrauen waren ja eigene Plätze reserviert. Holzstühle. An der Seitenwand. Ohne Namensschilder. Die Herren Diplomaten dagegen erhielten gepolsterte Sitze. Mit Samt bezogen. Mit Namensschildern versehen. Streng nach Anciennität.

Hanne schluckte. Sie kannte das zwar schon vom letzten Jahr. Doch da war alles so neu, so ungewohnt, so die Sinne befangend. Sie war sich des Befremdlichen ihrer Situation gar nicht bewußt geworden. Ich begab mich zu ihr, suchte sie zu trösten: Das liegt an Paulus. Die Kirche will tun, was er sagte, er, der Völkerapostel. Und er sagte: Besser nicht. Heiraten ist gut. Doch besser, man tut es nicht. So ein Wort wirkt nach. Bis ins Protokoll für den Neujahrsempfang des Papstes.

Hanne lachte herb. Sie verwies auf den viel älteren Spruch aus dem ersten Buch Mose: Was Gott verbunden hat, soll der Mensch nicht trennen. Auch nicht das Protokoll für den Neujahrsempfang des Papstes. Und fügte hinzu: Siehste!

Der Zeremonienmeister machte unserem Gespräch ein Ende. Ich mußte zurück zu meinem samtbezogenen Sessel. Der Papst erschien. Der Doyen begrüßte ihn im Namen von uns allen. Der Papst hielt seine Ansprache: eine Botschaft des Friedens, gehört auch von den Botschaftern des Irak und der USA. Sie wurde nicht befolgt, wie so viele seiner Botschaften. Vier Wochen später war der Golfkrieg da.

Der Papst ging von Mann zu Mann, reichte jedem die Hand, wünschte Gutes und ließ sich Gutes wünschen. Zu den Ehefrauen ging er nicht. Er stellte sich vor sie hin. Sie mußten einzeln vortreten, wollten sie seine Hand, sein Wort, womöglich gar seinen Blick erhaschen. Hanne fand das zwar diskriminierend. Doch sie kochte nicht. Wider Erwarten. War nicht einmal mehr sauer.

Was war geschehen? Sie hatte was entdeckt. Während der Papst sich den Herren Diplomaten zuwandte – mit Worten zuerst und dann mit warmem Händedruck –, ruhte Hannes Auge auf dem Wandfresko von Giorgio Vasari. Es schilderte die Rückkehr des Papstes Gregor XI. von Avignon nach Rom. Dieses Fresko hatte es ihr angetan.

Denn wer schritt dem Papst voran? Wer zeigte ihm den Weg von Avignon nach Rom? Wer beherrschte die Mitte des Bildes? Es war ein Weib – und obendrein ein gutes. Kein Teufelsweib. Ein Gottesweib. Eine Heilige. Nicht päpstlichen Direktiven war sie gefolgt. Sondern dem, was ihr Herz ihr sagte, ihr Gewissen, Gott. Aus Siena stammte sie. Ganz Italien kannte und verehrte sie. Und der Name dieser Gottesfrau? Katharina – wie denn sonst.

Noch etwas war Hanne aufgefallen. Zwischen all den Diplomatenfrauen hatte ein Mann gesessen, brav auf Holz und auf der Seite, und zwischen all den Diplomatenherren eine Frau, stolz auf Samt und dort, wo der Papst bei jedem einzelnen Halt machte, um ihm die Hand zu drücken und ein gutes Neues Jahr zu wünschen. Wie war das möglich?

Wir schauten, als der Papst seinen Rundgang beendet und sich verabschiedet hatte, noch einmal auf die Einladung. Da stand es. Les conjoints. Die Ehepartner. Nicht: Les épouses. Die Ehefrauen. Und inzwischen gab es – o Wunder – eine Botschafterin beim Heiligen Stuhl. Ihr Mann saß, wie es sich gehört, bei den anderen conjoints, die nicht selber Diplomaten sind.

Wie besichtigt man Rom?

Philipp Neri empfiehlt den Besuch der sieben Hauptkirchen. So erwandert man sich die Ewigkeit. Werner Bergengruen empfiehlt einen Fußmarsch die Stadtmauer entlang, die aurelianische: zwanzig Kilometer lang, sechzehn Meter hoch, siebzehnhundert Jahre alt. Das verleiht ein Gefühl für die Ewigkeit. Reinhard Raffalt empfiehl einen Blick herab von den Zinnen der Torre delle Milizie. Papst Gregor IX. hatte ihn im 13. Jahrhundert errichten lassen, diesen Turm. Doch der Volksmund behauptet, von ihm aus habe schon Kaiser Nero entzückt auf Rom geschaut, nicht nur, als es brannte. Denn in der Tat: die Aussicht ist herrlich. Man sieht zu seinen Füßen das ganze alte Rom, die Roma aeterna.

Wir wählten einen anderen Weg. Wir ließen uns Rom zeigen.

Führungen von Jesuitenpater K. Das ignatianische Rom. Barocke Farbenpracht, blendendes Gold und leuchtendes Silber, Marmor, der vibriert.

Führungen von der Bibliotheca Hertziana. Ihre Stipendiaten, Kunsthistoriker von Beruf, sind zu zweierlei verpflichtet: ihre Diplomarbeit zu schreiben – und darüber eine Führung zu machen. Leuten, die nichts wissen, alles zu verraten. Zum Schluß der Meister selbst, der Direktor der Hertziana. Er zeigte den Cortile di Belvedere, so wie Winckelmann ihn vorgefunden hatte: den Apoll vom Belvedere, den Torso vom Belvedere, die Laokoon-Gruppe. Man sah nicht nur schöne Statuen. Man sah die Schönheit selbst. Und erfuhr so nebenbei, daß Michelangelo außer der Natur nur den Torso vom Belvedere als Lehrmeister anerkannt habe.

Führungen schließlich vom Deutschen Archäologischen Institut. Jeweils eine Reise voller Entdeckungen, voller Überraschungen, voller Abenteuer. Die Gärten und das Landhaus des Sallust, dem Uneingeweihten ein verstaubter Trümmerhaufen inmitten römischer Hinterhöfe, füllten sich mit Leben. Man hörte das lustige Plätschern der Brunnen, man atmete den betäubenden Duft von Rosen, Flieder und Jasmin, man sah vor sich die Statuen von Göttern und Heroen.

Und was Rom selbst nicht bot, das boten die Vorträge im Deutschen Archäologischen Institut. Adunanzen geheißen, weil etwas Besseres. Jedesmal ein Fest. Man erfuhr, wer den Altar von Pergamon geschaffen, wen der Torso vom Belvedere wirklich darstellt, wo der Wohnort der Zyklopen ist.

Einhundertster Geburstag von Kardinal Ottaviani. Große Feier. Einladender der Präfekt der Glaubenskongregation. Sein Nach-Nach-Nachfolger. Ehrengäste: Botschafter, Exzellenzen, Eminenzen, sogar der italienische Ministerpräsident. Festreden. Musik. Warmes Buffet.

Einer sagte halblaut, wie zu sich selbst: der Ottaviani war im Grunde ganz patent. Ein Gemüt hatte er wie ein Kind. Kardinal Frings nannte ihn immer nur Don Tavianito. Unser kleiner Taviani.

Mich beschlichen andere Gedanken: Ottaviani, das war doch der, der sich beim Zweiten Vatikanischen Konzil von Anfang an quergelegt hatte. Der schon das Dekret über die göttliche Offenbarung verhindern wollte. Der am liebsten das ganze Konzil ungeschehen gemacht hätte. Und jetzt eine Lobeshymne nach der anderen. Und als Krönung des Buffets sogar Erdbeereis mit Schlagsahne. Nur um ihn zu feiern. Und die Erinnerung an ihn eine gute sein zu lassen. Mit Hilfe von Vivaldi, Andreotti und Gelati. Ich war sprachlos.

Als ich wieder sprechen konnte, raunte ich meinem Nachbarn zu: Sagen Sie, Herr Prälat (es war einer), der Ottaviani, das war doch derjenige, welcher ...

Seine Antwort, lakonisch: Eben drum.

Rom wäre nicht Rom, lockte es nicht Besucher an. Auch für die Botschaft.

Eines Tages erschien Herr F., Abgeordneter des Deutschen Bundestags. Seine Sekretärin hatte zuvor angerufen. Herr Bundestagsabgeordneter möchte morgen zum Papst. Falls der Papst nicht kann, übermorgen. Der Papst war weder morgen noch übermorgen zu sprechen. Er war in Neapel. Dort, wo er täglich sieben Reden hielt. Und allein die Bestuhlung auf dem Marktplatz Millionen gekostet hatte (Lire). Ärgerlich, weil sie in der Nacht vor dem Großauftritt des Papstes abmontiert und gestohlen wurde.

Worüber er denn sprechen möchte, der Herr Abgeordnete? Vielleicht könnten wir mit einem anderen vatikanischen Gesprächspartner dienen. Über den Tropenwald in Brasilien. Der Papst mit seiner ungebrochenen moralischen Autorität. Er allein könnte denen da ins Gewissen reden. Damit sie ihn nicht weiter abholzen.

Der Abgeordnete kam. Er sprach mit einem hohen Kurialbeamten, Spezialist für Fragen des Umweltschutzes. Er war zufrieden. Erst recht, als ich ihn mitsamt Gesprächspartner in die Edelpinte lud, die dort steht, wo einst das Theater des Pompeius war, und dort unter der Treppe. Das heißt, unter den treppenartig ansteigenden Sitzreihen: urig, typisch, klassisch. Und mit einem Hauch Romantik. Eben Rom. Der Herr Abgeordnete genoß es. Am meisten den Sambuca mit mosca. Den es zum Abschluß gab. Und der die Atmosphäre lockerte. So daß ich mich traute und ihn fragte: Sagen Sie, Herr Abgeordneter, weshalb haben Sie denn erst so spät, einen Tag vorher, sich entschlossen, nach Rom zu kommen? Wir hätten sonst Gelegenheit gehabt, ein noch zauberhafteres Programm für Sie vorzubereiten.

Ganz einfach. Wir hatten plötzlich sitzungsfrei. Im Bundestag in Bonn. Drei Tage. Da sagte ich zu mir: Fährst du mal zum Papst. Der freut sich sicher. So einen Besucher sieht er nicht alle Tage. So kam das.

Der nächste Abgeordnete war weniger anspruchsvoll. Er wollte nicht zum Papst. Er wollte nur zum Kardinalstaatssekretär. Und erhielt auch den erbetenen Termin. Als er den absolviert hatte, fuhren wir mit ihm zur Villa des Kaisers Hadrian. In Tivoli. Dort, wo einst Bibliotheken, Thermen, Paläste waren. Und jetzt Gräser, Blumen, Kräuter wachsen. Hanne fuhr mit. Nicht nur wegen der Kräuter. Sondern auch, weil der Herr Abgeordnete mit Frau und Töchtern erschienen war. Also ein Familienausflug. Anschließend in eins der besten Eiscafés von Rom, dem neben dem Parlament. Wegen der Töchter.

Der Abgeordnete, der diesem auf dem Fuße folgte, war obendrein Minister. Innenminister eines unserer 16 Bundesländer. Er erhaschte einen Termin beim Papst. Im Anschluß an die Mittwochsaudienz, die große. Und im Anschluß an den Termin beim Papst wollte er in die Sixtinische Kapelle. Die renovierte. Die im neuen alten Glanz erstrahlende. Und das unter der Führung des Direktors des Deutschen Archäologischen Instituts. Mit diesem wartete ich auf den Herrn Innenminister.

Ich: Hoffentlich kommt er nur bald. In einer Stunde schließt das Museum. Er: Die Sixtinische Kapelle lohnt sich auch für 10 Minuten. Sie lohnte sich tatsächlich. Unter seiner Führung. Der Innenminister war entzückt, begeistert, einfach weg. Und das als erwachsener Mann. Sah er doch, daß Gott, als er den Adam schuf, von der Eva träumte. Und daß das Paradies gar herrlich anzuschauen war. Dabei war es das verlorene. Daran dachte er nicht.

Ökumenische Hochzeit in Rom. In der deutschen evangelischen Kirche. Der katholische Pfarrer predigte deutsch, der evangelische italienisch. Der katholische

Pfarrer reichte beim Abendmahl das heilige Brot, der evangelische den heiligen Wein.

Nach der kirchlichen Feier sprach ich den katholischen Pfarrer an. Er war der Onkel des Bräutigams und kam aus dem Ruhrgebiet. Und was gibt Ihnen die Kraft, Handlungen vorzunehmen, die im kirchlichen Gesetzbuch nicht vorgesehen sind?

Ich gehöre der Gemeinschaft der Kleinen Brüder Jesu an, gestiftet von Charles de Foucault. Das gibt mir Halt. Und läßt mich die Liebe höher achten als das Gesetz.

Herzinfarkt im Petersdom!

Plötzlich war er zusammengebrochen – er, der außerordentliche und bevollmächtigte Botschafter des Souveränen Malteserordens beim Heiligen Stuhl. In der ersten Reihe hatte er Platz genommen. In Frack mit Orden, neben ihm seine Gattin mit langem, schwarzem Kleid und Schleier. Kurzum: so wie man zu Papstmessen anläßlich einer Heiligsprechung erscheint.

Doch er riß sich wieder hoch, Seine Exzellenz. Blitzschnell wandte er sich um und sagte, kreidebleich und mit bebender Stimme: Entschuldigen Sie diesen kleinen Zwischenfall.

Dann erst brach er richtig zusammen. Vier Sanitäter trugen den Leblosen heraus. Ein Krankenwagen fuhr ihn in rasender Fahrt zur Klinik Gemelli: Herzinfarkt.

Sprach der österreichische Botschafter, der hinter ihm gestanden und alles genau gesehen und gehört hatte: Das nenne ich Haltung. Seine Gattin sekundierte: Und gute Kinderstube!

In der Nähe unserer Wohung liegt der französische Soldatenfriedhof. Ruth hat ihn uns gezeigt. Hanne besucht ihn gern. Am Wochenende. Allzu schön sind die Blumen, die man dort sehen, riechen, pflücken kann. Ich begleite sie. Und staune, wie jedesmal Punkt 12 das Katzenmeeting ist. Ein älterer Herr tut dann, was in Rom sonst ältere Damen tun: Er füttert sie. Regelmäßig. Inzwischen kennt er seine Katzen mit Namen. Alle. Weiß auch, wer wessen Vater, Mutter, Großmutter, Urahne ist. Dabei sind es 23 – dreiundzwanzig! Ich habe sie genau gezählt.

Nicht immer ist Frühling in Italien. Doch wenn der Frühling kommt, dann ist er italienisch: hinreißend ob der Fülle neuen Lebens; betörend ob seiner tausend Stimmen; bezaubernd ob seiner Blütenpracht.

Wir bestaunten ihn in den Bergen rings um Tolfa: junge Pferde, schwarz und zügellos. Wir lauschten ihm im Walde von Manziana: Vogelgezwitscher, Zirpen von Grillen und Zikaden, Käfergesumme. Wir sahen ihn auf dem Wege nach Bracciano: kräftiges Gelb, feuriges Rot, sattes Grün.

Und überall und jederzeit: Schmetterlinge, Sonne, blauer Himmel.

Lange hatte er gezögert. Dann raffte er sich auf zu einem Brief an die Botschaft: er, der Theologieprofessor aus S. Ihn wurmte, was er in der Zeitung gelesen hatte. Vom guten Stand der Beziehungen zwischen dem Vatikan und Deutschland war dort die Rede. Jedenfalls stand es so im Osservatore Romano. Und eben das wurmte ihn. »Wissen die denn nicht«, so schrieb er zornerfüllt, »daß wir gegängelt werden wie kleine Kinder? Schlimmer noch: Daß man uns kontrolliert wie Missetäter? Daß man sich nicht mehr trauen kann zu schreiben, was man denkt?«

Der Botschafter war betroffen. Er gab das Schreiben mir. Versuchen Sie, darauf zu antworten. Ich versuchte es.

Lieber Bruder in Christo. Du hast recht. Und dennoch liegst du falsch. Du willst, was auch die anderen wollen, die da oben: eine Kirche ohne Fehler, ohne Runzeln, ohne schwarze Flecken. Die da oben wünschen, daß alles klappt, wie am Schnürchen läuft, in Ordnung ist. Du willst, daß die da oben Verständnis haben, duldsam sind, zum Dialog bereit. Beide wollt ihr das Unkraut jäten vor der Ernte. Laßt es doch stehen. Der Herr hat es selbst gesagt: erst am Ende kommt der Schnitter. Ich schloß mit einem Zitat von Professor Zulehner aus Wien: Für die, die am neuen Kirchenkurs leiden, braucht es die Tugend des Erbarmens, die auch der Kirchenleitung Fehler und Versagen nachsieht.

So lautete mein erster Entwurf. Als ich den Brief abschickte, war er eleganter geworden, diplomatischer – und inhaltsärmer. Wie das so geht. Form auf Kosten der Substanz. Und begann mit: Sehr geehrter Herr Professor!

Wenn alle feiern, dann auch wir. So sagten sich die Jesuiten. Sie hatten Grund dazu: 500. Geburtstag des Ordensgründers Ignatius von Loyola, 450. Geburtstag des Ordens selbst. Gebetswochen, Kongresse, Festschriften, Wallfahrten. Als Höhepunkt: die Messe im Petersdom. Zelebriert vom Papst persönlich. Man war gespannt.

Die Bundesregierung entsandte eine offizielle Delegation. Die Botschaft betreute sie. Und war dabei.

Erwartungsvolle Stille. Plötzlich ein Rauschen. Alle erheben sich – soweit sie einen Sitzplatz haben. Aber Regierungsdelegationen und Botschaftsangehörige haben immer einen Sitzplatz. Die Blicke wenden sich nach vorne links. Geklatsche – wie beim Einzug des Papstes.

Gemurmel, Geraune, dann lautes Fragen: Sollte der Papst? Nein, unmöglich. Oder sollte er doch? Sollte er dieses Mal, nur dieses eine Mal? Von vorne kommen und von links? Aus Liebe zu den Jesuiten? Als Zeichen für seinen besonderen Respekt vor ihrem Orden?

Allein, er war es nicht. Wer hereingeschlichen kam, von vorne und von links – aus Liebe zu den Jesuiten –, war Mutter Teresa von Kalkutta. Um dabeizusein. Um Gott zu danken, daß es die Jesuiten gibt. Die Hälse reckten sich. So konnte man sie sehen: klein, gebeugt, unscheinbar – in der Hand den Rosenkranz, auf den Lippen ein Gebet, im Herzen Gott.

Da war der Papst doch anders. Er kam von hinten und von rechts. Priester, Bischöfe, Kardinäle umgaben ihn. Dazu Kerzen und viel Weihrauch.

Seine Ansprache war fast eine Ohrfeige. Sie gipfelte in der Aufforderung: Euer kindlicher Gehorsam gegenüber dem Lehramt (!) sei ohne Schatten.

Ob ihm nicht gefällt, daß Ignatius gesagt hat: Wahre dir in allen Dingen die Freiheit des Geistes!?

Die anwesenden Jesuiten erbleichten. Der Papst hatte sie um Anfertigung eines Entwurfs für seine Ansprache gebeten – wie üblich. Und dann hatten andere einen anderen gefertigt – wie nicht üblich.

Am nächsten Tag brachte der Osservatore Romano die Papstrede in vollem Wortlaut. Als Balkenüberschrift auf der ersten Seite: Euer Gehorsam sei ohne Schatten. Nach der Ohrfeige auch noch ein Fußtritt.

Die antiklerikale Presse griff das gierig auf: Papst maßregelt Jesuiten, zeigt ihnen, was eine Harke ist, sagt, wer Herr im Hause ist.

Der Osservatore Romano deutsch klapperte hinterher. Er erscheint nur einmal in der Woche. Pater K., Professor an der Gregoriana, hatte ihm einen Aufsatz über den Orden geliefert. Weil man ihn darum gebeten hatte. Der Aufsatz wurde nicht abgedruckt. Statt dessen Papstzitate. Und als Überschrift in Fettdruck: Totaler Gehorsam gegenüber dem Papst.

Allein, der also Gemaßregelte fiel nicht hin. Er hat schon weit Schlimmeres erlebt: in China, in Paraguay, in der ganzen Welt. Durch Trübsale, Enttäuschungen, Anfeindungen hindurch bauen wir das Reich Gottes: per multas tribulationes.

So sagte es uns Professor Pater K. Wir trafen ihn auf der Via Condotti. Am Samstag danach. Einfach nur so. Da erzählte er uns das von dem Redeentwurf, der nicht genommen, und dem Aufsatz, der nicht abgedruckt wurde. Und auch das von den multas tribulationes.

Man sollte viel mehr auf der Via Condotti spazieren gehen. Vornehmlich am Samstagmorgen. Dann erfährt man, was der Osservatore Romano verschweigt.

Und siehe da! Eines Tages stand der Aufsatz von Pater K. doch noch im Osservatore Romano deutsch. Als das Ignatiusjahr vorbei war. Gewissermaßen als Nachruf. Der Grund für die Verzögerung? Zumindest ein möglicher Grund: Pater K. hatte zitiert, was der besondere Gehorsam für Ignatius bedeutet: die Bereitschaft, überall hinzugehen, wohin der Papst sie schickt. Nicht aber blind jeder Lehrmeinung sich unterwerfen, die an der Kurie gerade Oberwasser hat.

Die Angehörigen der Heiligsprechungskongregation wissen viel und sagen wenig. Die Leute von der Presse wissen wenig und sagen viel.

Mein Freund von der Heiligsprechungskongregation sagte mir nichts. Mein Freund von der Presse sagte mir alles: Es steht schlecht um den Heiligsprechungsprozeß für den Gründer des Opus Dei. Für mindestens zehn Jahre auf Eis gelegt. Doch es steht gut um die Heiligsprechungsprozesse für Papst Johannes XXIII. und für Mary Ward, die tapfere Frau, die Kardinälen widerstand und ihrem Gewissen folgte.

Vier Wochen später sagte mir ein hoher Prälat: Der Heiligsprechungsprozeß für den Gründer ist wiederaufgenommen worden. Er nannte mir auch den Grund.

Weitere vier Wochen verstrichen. Da las ich im Osservatore Romano: Ein Wunder wurde anerkannt. Von der Heiligsprechungskongregation. Ein Wunder, geschehen durch Fürsprache des Gründers.

Ich rief meinen Freund von der Heiligsprechungskongregation an. Heißt das? Ja, es heißt. Es geht jetzt nur noch um die Festlegung eines Datums.

Ich rief meinen Freund von der Presse an. Ich wies ihn auf seine falsche Prognose hin. Seine Reaktion: Dann wird man Heilig- und Seligsprechungen von der Liste dessen streichen müssen, was unfehlbar ist.

Er zeigte uns die Sonnenuhr des Kaisers Augustus. Edmund Buchner hatte sie entdeckt. 1980. Zuvor hatte er ihren Standort berechnet. So gelang ihm, was Jahrhunderte vergeblich versucht hatten: sie zu finden.

Danach, weil nicht weit entfernt, zeigte er uns den Altar des Augustus. Wir staunten.

Und im Vorübergehen, nur so im Vorübergehen, das Altargemälde von Guido Reni. In der Kirche San Lorenzo in Lucina. Christus am Kreuz. Strahlend. Wie aus einer anderen Welt hervortretend. Umwerfend.

Diese eine Stunde lehrte uns erneut: Rom ist eine Reise wert.

Vieles hat Papst Paul VI. abgeschafft. Palatingarde, Nobelgarde, Päpstliche Geheimkämmerer – alles, was ihm nach Pomp aussah. Silberfanfaren, Pfauenwedel, Tiara sowieso. Doch die Schweizergarde nicht. Schließlich hatten die Schweizer bis zum letzten Mann gekämpft. Für den Papst. Als die deutschen Landsknechte kamen. Und Rom brandschatzten. 1527. Einhundertsiebenundvierzig Gardisten verloren dabei ihr Leben. Deshalb durften ihre Nachfolger bleiben.

Jedes Jahr gehen alte, kommen neue. Ein feierliches Fest auf dem Damasushof im Vatikan.

Viele reservierte Plätze. Die ersten Reihen für die Kurie, natürlich. Dahinter rechts ein Block für Botschafter und Botschaftsangehörige, und links ein Block für Familienangehörige der Gardisten. Sie waren angereist aus der Schweiz, in Trachten wie im Jahr der Helden, 1527. Malerisch, antik und unbequem, doch bestaunt von allen Seiten.

Der Damasushof füllte sich bis zum Bersten. Zu den Vertretern der Kurie und der Botschaften und den Familienangehörigen der Gardisten gesellten sich Freunde, Bekannte, Schaulustige.

Die Gardisten kamen. Die alten und die neuen. Rede des Kommandanten der Schweizergarde. Rede des Kaplans der Schweizergarde. Vereidigung der Neuen: Eidesformel vorgesprochen, Eidesformel nachgesprochen. 22 mal. Dann der Höhepunkt, dem alles entgegenfieberte: das Platzkonzert.

Doch der Himmel tat nicht mit. Er öffnete seine Schleusen. Statt des angekündigten Platzkonzerts Platzregen. Und wie! Es goß, es hagelte, es schüttete. In Strömen. Nein: Backsteine.

Schreiende Kinder. Verstörte Erwachsene. Eilige Flucht. Die Herren von der Kurie zuerst. Sie saßen ja auch vorne. Übrig blieben umgeworfene Stühle, hängengebliebene Trachtenhüte – und die Erinnerung an eine denkwürdige Feier.

Und welchen römischen Kaiser stellt diese Marmorstatue dar?

Das ist Napoleon, und der ist aus Gips.

Wer so fragte, war ich.

Wer so antwortete, war mein französischer Kollege.

Ihn besuchte ich in seiner Botschaft. Diese ist untergebracht in der Villa Bonaparte. Früher Sitz der preußischen Gesandtschaft (seit 1908, für bares Geld erstanden), dann der deutschen Botschaft. Doch es kam der Krieg, der zweite, und alles wurde anders. Das Haus fiel den Franzosen zu. Wegen des gewonnenen Krieges. Und wegen des klangvollen Namens. Was fehlte, war eine Statue des ruhmreichen Trägers dieses Namens. Das holten die Franzosen nach. Spät und aus Gips.

Sie haben's gut.
? ? ?
Sie können ruhig sterben.
? ? ?
Sie brauchen nicht ins Fegefeuer.
? ? ?
Sie nehmen Ihr Fegefeuer schon vorweg.
? ? ?
Sie lesen jeden Tag den Osservatore Romano.
! ! !

Dort, wo der Elefant einen Obelisken trägt. Und die Inschrift: Man muß schon – siehst du's nicht? – ganz schön kräftig sein, um die Last der Weisheit zu tragen. Dort ist die Päpstliche Diplomatenakademie. Gegenüber von der Kirche Santa Maria sopra Minerva, in der das Haupt der heiligen Katharina verehrt wird, der von Siena. 1701 wurde die Akademie gegründet. (Gibt das 2001 ein Fest!) 33 Studenten wohnen dort. Lauter Geistliche. Zukünftige Nuntien. Sie lernen Sprachen, Kirchenrecht und Politik. Und anderes. Feines Benehmen zum Beispiel. Und das vier Jahre lang.

Ein einziger Deutscher dabei. Ein einziger. Don Martin. Er macht sein Doktorat in Kirchenrecht. Und seine Abschlußprüfung in der Akademie. Ihn lud ich ein. Zum Abschiedsessen. Mit dem Akademiedirektor. Und anderen.

Ich fragte ihn zuvor: Wann soll es sein, das Abschiedsessen bei uns? Am Abend vor der Prüfung. Meine Devise ist: Wenn Du eine Prüfung machst, dann feiere zuvor ein Fest.

Wir feierten. Ganz locker. Der Akademiedirektor erzählte von vergangenen Zeiten. Als Erzbischof Benelli noch die Kurie beherrschte. Und das Staatssekretariat. Wie sie dort lernten zu arbeiten. Werktags, sonntags und vor allem nachts. Unauslöschlich habe sich ihm das eingeprägt. Weshalb seine eigene Devise seither laute: Wenn du keine Arbeit hast, dann suche dir auch keine. Die Arbeit unter Benelli habe ihm gereicht. Fürs ganze Leben.

Ich hielt eine Tischrede. Nach soviel Weisheitssprüchen und Maximen auch eine Devise von mir. Für den jungen Absolventen. Einen Spruch fürs Leben. Er war aber nicht von mir. Er war von Paulus: Nicht Herren eures Glaubens, sondern Diener eurer Freude. Ich erinnerte an die doppelte Aufgabe eines Nuntius: Pflege der Beziehungen zu dem Staat, bei dem er akkreditiert ist. Und Pflege der Beziehungen zur Landeskirche. Stellen Sie sich vor: die Kirche des Landes, in das Sie geschickt werden, erfährt, spürt, sieht: Er will uns Freude bringen! Deshab wurde er zu uns geschickt!

Drei Tage später kam sein Versetzungserlaß. Versetzt nach Afrika. Ich schrieb meinem Kollegen, dem deutschen Botschafter vor Ort. Empfehle Ihrer Fürsorge den neuen vatikanischen Gesandten. Er will nur Freude bringen.

Besuch des Vorsitzenden der SPD-Fraktion im Deutschen Bundestag. Mit Gefolge. Das Programm wie üblich: Besuche bei Kardinälen, dem Kardinalstaatssekretär an der Spitze, auch beim neuen Nuntius. Dazu Rahmenprogramm: Sixtinische Kapelle, Katakomben, Ostia. Und natürlich Essenseinladungen und damit Gelegenheit, weitere Persönlichkeiten zu sprechen.

Doch dann das Unübliche: Keine Papstaudienz. Statt dessen einen Abend bei der Gemeinschaft Sant' Egidio. Auf besonderen Wunsch des Vorsitzenden. Zunächst die Kirche Santa Maria in Trastevere. Der Vorsitzende opferte eine Kerze. Für seine Enkelkinder. Anschließend einige der sozialen Einrichtungen der Gemeinschaft: Abendessen für Obdachlose – inzwischen für mehr als tausend täglich; Abendschule für Asylanten; Kindergarten für elternlose und verwahrloste Kinder. Die von Schülern und Studenten in den Stadtrandsiedlungen betreuten Schulen und Kinderverwahranstalten sahen wir nicht. Dabei hatten sie einst den Ausgangspunkt der Gemeinschaft gebildet. Doch wir nahmen teil an der Komplet – dem anderen Ausgangspunkt der Gemeinschaft. In der Kirche Sant' Egidio. Dorthin kommen sie allabendlich – die Mitglieder der Gemeinschaft und viele Neugierige, neugierig wie wir. Psalmengesang – schön und vierstimmig. Bibellesung. Laienpredigt. Alleluja. Freude, daß es einen Gott gibt. Wenigstens das.

Im Anschluß an die Komplet luden sie uns zum Abendimbiß. Und berichteten von ihren sonstigen Aktivitäten: Bemühungen um den Frieden in der Welt. Frieden in Mosambik. Frieden in Albanien. Frieden zwischen den Religionen und durch die Religionen in der Welt. Dazu organisieren sie alljährlich einen Gebetstag der Religionen für den Frieden. In Assisi, wo der Papst dabei war. In Warschau zum 50. Jahrestag des Kriegsausbruchs. In Malta in diesem Jahr des Golfkriegs.

Der Vorsitzende war tief beeindruckt: Das Evangelium nicht nur verkündet, sondern auch gelebt!

Ich traf Bischof P. aus Brasilien. Ich lud ihn ein zum Mittagessen. Er kam gerade von seinem alle fünf Jahre fälligen Ad-limina-Besuch. Beim Papst und bei den römischen Behörden. Er fühlte sich nicht verstanden und nicht akzeptiert. Er hatte den Eindruck, daß man ihn nicht hören wollte. Nur belehren. Genau so wie bei der Liturgiefeier zu Hause.

Wieso?

Man hat meinen Leuten verboten, beim Gesang des Vaterunsers zu klatschen.

Ja, warum haben Sie denn überhaupt gefragt?

Ich habe nicht gefragt. Man hat mich verpetzt.

Und jetzt?

Jetzt kommen die Leute überhaupt nicht mehr. Jetzt gehen sie zu den Sekten. Dort können sie klatschen nach Herzenslust. Dort erreicht sie kein Verbot aus Rom.

Geflüster. Getuschel. Gemunkel. Haben Sie schon gehört. Bitte? Wer? Und wann? Tatsächlich?

Wochenlang war Rom eine Gerüchteküche. Anrufe aus Deutschland erhöhten die Spannung. Ist er dabei? Nun, Sie wissen ja. Mit L. fängt sein Name an. Und Bischof ist er von M. Was? Sie sind sich nicht sicher? Wissen Sie denn einen, der es sicher weiß? Oder wissen könnte?

Selbst Kardinäle fragten uns. Wissen Sie denn wenigstens den Termin?

Die Spannung löste sich. Der Papst gab's selbst bekannt. Es gibt neue Kardinäle. 22. Am Vorabend von Peter und Paul. Ein Deutscher ist auch dabei. Der Bischof von Berlin.

Befragen von alten Hasen, die schon einmal dabei waren. Duchblättern alter Akten. Wie läuft so etwas ab, ein Kardinalskonsistorium? Was muß man tun? Was kommt auf die Botschaft zu? Was kann noch alles auf sie zukommen?

Dann alles tun, was man in einem solchen Falle tut. Genau dasselbe. Nur besser, schneller, wirksamer.

Herausfinden, welchem Kardinal wer gratulieren muß. Dem deutschen. Denen, die Freunde Deutschlands sind. Oder zumindest Freunde der Botschaft. Denen, die man sich zu Freunden machen will. Denen, die wichtige Positionen einnehmen. Dem, der der nächste Papst sein könnte. Dem vor allem. Nicht vergessen!

Stundenlang herumrätseln, wozu man gratuliert: zur Erhebung, zur Ernennung, zur Beförderung. Oder zur Erschaffung? Was der Papst tut, heißt auf lateinisch creare. Er erschafft Kardinäle. Den einen Brief finden, in dem die Lösung steht: Man gratuliert zur Erhebung zur Würde eines Kardinals. Nicht zum Rang. Nicht zum Purpur. Zur Würde: à la dignité cardinalice. Glückwunschbriefe entwerfen für den Botschafter, den Bundesaußenminister, den Bundeskanzler, den Bundespräsidenten. Auf deutsch, italienisch, englisch, französisch. Je nachdem. Herausbekommen, wer als Vertreter der Bundesregierung kommt. Es ist eine ganze Delegation, an der Spitze ein Bundesminister. Und als Vertreter von Berlin? Keiner. Die haben andere Sorgen. Die Delegation der Bundesregierung deckt alles ab. Hotelzimmer bestellen. Polizeieskorte bestellen. Delegation anmelden. Programm für sie machen. Einladungsliste schreiben für den Empfang, den der Botschafter gibt. Zu Ehren des neuen deutschen Kardinals. Den neuen Kardinal in Berlin anrufen. Fragen, ob auch Familienangehörige mitkommen. Oder Vertreter des Bistums. Ja. 25. Termine mit ihm absprechen. Ihm verraten, wo er sich die neuen Kleider machen lassen kann. Neugierige Fragen von Journalisten, ob wir bei der Wahl unsere Hand mit im Spiel gehabt hätten, mit Entrüstung zurückweisen.

Doch abends vor dem Schlafengehen Johannes vom Kreuz lesen. Gedichte und Prosatexte. In der so schmucken Ausgabe des Karmels von Mailand. Welch ein Unterschied! Soweit der Aufgang ist vom Niedergang. Balsam für die Seele. Wie ein Stück Himmel. Denn im Himmel gibt es keine Kardinäle und keine Regierungsdelegationen und keine indiskreten Journalisten. Nichts davon. Nur Blumen, Hanne und Musik (Mozart).

Mit dem Zeremonienmeister bis zur Erschöpfung verhandeln, ob Seine Hoheit und Eminenz, der Großmeister des Souveränen Malteserordens, den Herrn Bundespräsidenten vor, in oder – wie sonst üblich – hinter der Tür seines im dritten Stock gelegenen Amtszimmers empfängt – und dann erreichen, daß Seine Hoheit und Eminenz – was noch nie geschehen – sich selber in den Innenhof seines Amtssitzes begibt und den Bundespräsidenten am Auto begrüßt.

Den polnischen Privatsekretär des Papstes diskret fragen, mit welchem Geschenk der Bundespräsident Seiner Heiligkeit, dem Papst, eine kleine Freude machen könnte, dieses durch den Protokollchef des Auswärtigen Amts besorgen lassen und dann dem Protokollchef des Vatikans zustecken, damit er es aufbaut, bevor der hohe Gast das Arbeitszimmer des Papstes betritt.

Für die Gattin des Bundespräsidenten ein Sonderprogramm vorbereiten.

Dem Bundespräsidenten Aufzeichnungen machen über die geistlichen Würdenträger, die der Papst ihm vorstellen wird, über die Räumlichkeiten, die er betreten wird, über die Themen, die er bei dem Vier-Augen-Gespräch mit dem Papst anschneiden sollte. Den Hubschrauber bestellen, der den Bundespräsidenten vom Hubschrauberlandeplatz in den vatikanischen Gärten zur nächsten Station seiner Reise bringen soll. Für die Damen aus der Delegation des Bundespräsidenten, die es vergessen haben sollten, Schleier besorgen. Dem Prokoll des Vatikans die Namen derer mitteilen, die den Bundespräsidenten zum Papst begleiten werden, und dabei der vom Auswärtigen Amt übersandten Liste heimlich noch die Namen von Herrn K. und Frau G. hinzufügen. (Sie hatten es verdient.)

Und dann selber nicht dabeisein!

Just zur gleichen Stunde landete nämlich ein Sonderflugzeug mit Herrn Bundesminister S. und seiner Delegation. Dem offiziellen Vertreter der Bundesregierung bei der Kardinalserhebung. Den Bundespräsidenten (und Herrn K. und Frau G.) überließ ich der Fürsorge des Botschafters. Den Bundesminister holte ich selber ab: mit weißen Mäusen, Polizeieskorte, Sicherheitsbeamten. Im Hotel wartete das andere: Blumen für die gnädige Frau, Konfekt für die Töchter, Chianti für die Herren, detalliertes Programm für alle.

Das Programm wurde abgehakt. Punkt für Punkt. Tagelang.

Programmpunkt 1

Konsistorium. In der Riesenaudienzhalle. Papst Paul VI. hatte sie bauen lassen. Von dem Architekten Nervi. Platz für 10 000. Angeblich. Platz natürlich auch für die deutsche Delegation. Sogar ein Ehrenplatz. So sah und hörte sie alles: wie der Papst den Neuernannten Birett, Ernennungsurkunde und Namen ihrer römischen Titelkirche übergab. (Jeder Kardinal hat seine Kirche in Rom. So sind es nach wie vor die Priester von Rom, die den Papst wählen.) Und wie der neunzigjährige Chinese von zwei Begleitern zum Papst geführt werden mußte. Mehr getragen als geführt.

Stürmisch beklatscht von den vielen, vielen Anwesenden.

Programmpunkt 2

Visite di calore. Wörtlich: Besuche der Wärme. Wegen des warmen Händedrucks. Oder weil man chaleureusement gratuliert. Zu deutsch schlicht: Gratulationscour. In den Räumen des Vatikans, denen, die sonst jedem Besucher verschlossen sind. Auch Botschaftern und Staatsoberhäuptern. Jetzt konnte man sie betreten. Und bewundern. Jedem Kardinal war ein eigener Raum zugewiesen. So sah man in natura, was man bislang nur aus Bilderbüchern kannte: Aula Vecchia, Aula Vecchia Superiore, Sala dei Pontifici, ja sogar die Borgia-Gemächer: Saal der Sibyllen, Saal des Credo, Saal der freien Künste, Saal der Heiligen (Wen finde ich da wieder? Katharina!), Saal der Mysterien. Welch eine Pracht. Märchenhaft. Wie beim Tempel von Jerusalem. Matthäus 24,1. So wird gar mancher gedacht haben.

Ich dachte einen Vers weiter, Mathäus 24,2, ob ich wollte oder nicht, unwillkürlich: Kein Stein wird auf dem anderen bleiben. Das ist nicht die Ewigkeit. Es ist nicht einmal für die Ewigkeit. Wenn die Ewigkeit kommt – wie ein Blitz in der Nacht –, stellt sich heraus, was es ist: nichts.

Programmpunkt 3

Papstmesse vor dem Petersdom. Treuegelöbnis der Kardinäle. Übergabe der Ringe: Zeichen ihrer besonderen Bindung an den Nachfolger Petri. Im Anschluß an die Messe empfängt der Papst die deutsche Delegation. Er begrüßt jeden einzeln. Aufrichtig erfreut und Wohlwollen ausstrahlend. Jedesmal ein Foto: der Papst und der Herr Bundesminister, der Papst und die Frau Gemahlin, der Papst und die ältere Tochter, der Papst und die jüngere Tochter. Traumziel erreicht. Kommunionkleid nicht umsonst mitgebracht und angezogen.

Programmpunkt 4

Empfang in der Residenz des deutschen Botschafters. Für den neuen Kardinal aus Berlin. Für die deutsche Delegation. Für die, die nach langem Hin und Her geladen waren. Und für den jungen Studenten Mathias K., den Hanne noch schnell dazwischengeschmuggelt hatte.

Es war kein gewöhnlicher Cocktail-Empfang. Sondern ein Buffet. Ein richtiges Buffet. Die Gespräche aber waren Cocktail-Gespräche.

Und wollen Sie wissen, weshalb euer Bischof L. aus M. nicht auch Kardinal geworden ist? Ich wollte es nicht wissen. Doch er, ein Bischof, konnte es nicht für sich behalten. Er raunte es mir ins Ohr. Ja, der hat's verhindert, der. Aber niemandem weitersagen. Erst recht nicht, daß ich es Ihnen verraten habe. Aber es stimmt. Und daß der von Berlin es wurde, verdankt er ausschließlich dem Papst. A. und B. waren dagegen. Doch der Papst hat sich durchgesetzt.

Kleiner Schatten auf der ach so schönen Feier. Aber so ist die Welt. Und die Kirche. Sie ist ja Kirche in der Welt von heute.

So feierten wir den neuen Kardinal: ergötzten uns an dem Buffet und führten Cocktail-Gespräche. Und keiner ahnte, daß zur gleichen Zeit der heißgeliebte Hund des römischen Korrespondenten einer angesehenen deutschen Tageszeitung gestohlen wurde. Zusammen mit dem funkelnagelneuen Auto, das er bewachen sollte.

Nach vier Tagen kam – hundemüde, halbverhungert – der Hund zurück. Das Auto nicht.

Programmpunkt 5

Da war die deutsche Delegation schon weg. Es war zu viel und dauerte zu lange: Dankmessen der neuen Kardinäle, In-Besitz-Nahme der Titelkirche, große oder kleine Feste der neuen Kardinäle. Der Bischof von Berlin lud zu einem bescheidenen Abendessen. Der Kardinalvikar von Rom gab einen Empfang für 800 (achthundert!) Gäste – römischer Adel und so. Ich war nicht dabei. Doch das Fest aller Feste feierte der neue Kardinalstaatssekretär.

Gartenfest in den Vatikanischen Gärten, genauer: im Giardino quadrato vor der Pinakothek. Wir waren dabei. Und sahen, hörten, erlebten alles. Wer sonst noch kam: Kardinäle, Bischöfe, Minister, Präsidenten von

Senat und Kammer, Botschafter, Industriekapitäne – und ganz zum Schluß, als alles schon an reichgedeckten Tischen saß, so daß ein jeder sah, wer noch hereinspazierte, Signora Angela, die in ganz Italien bekannte Ansagerin des ersten Programms im italienischen Fernsehen. In einem neuen blauen Samtkleid. Heute sah man es zum ersten Mal. Und staunte.

Zuerst nur Häppchen, aber reichlich. Dann Menu. Sieben Gänge (7). Kellner in Livree. Zum Schluß Geburtstagstorte. Dazu Rotwein, Weißwein, Sekt. Und Musik wie Ohrenschmalz. Gespielt nicht von irgendwem. Sondern vom Philharmonischen Orchester Rom. Unter der Leitung von Pablo Colino. Renaissancemusik. Barockmusik. Klassische Musik. Praetorius. Orlando die Lasso. Mozart. Verdi. Alles.

Und als Kulisse die Kuppel des Petersdomes, im Halbdunkel versinkend. Am Himmel der Mond und die Sterne, immer heller, immer klarer. Ringsum Fakkeln. Flackernd. Dezent. Aber da.

Und bei Tisch – als die Reden verklungen waren – Tischgespräche.

Der Prälat zu meiner Linken – begeistert: Sie können sich glücklich schätzen, daß Sie so ein Fest miterleben. In der edelsten Tradition der Renaissancepäpste. Geschieht höchstens einmal in zehn Jahren.

Der Prälat zu meiner Rechten – sorgenvoll: Was mag die antiklerikale Presse morgen nur schreiben. Wo sie sich schon über den Empfang des Kardinalvikars von Rom so ereifert hat.

Der französische Gesandte – trocken: Man wird nun wohl den Peterspfennig erhöhen müssen.

Hanne – indigniert: Und das, wo zur gleichen Stunde Krieg in Jugoslawien ist.

Ich – schweigend. Ich sagte nämlich nichts. Ich dachte nur an unseren armen Herrn Jesus, der sein Kreuz nach Golgata schleppen mußte. Er hätte geweint. Schon wieder. Wie einst über Jerusalem.

Zu Hause angekommen, nahm ich die Bibel zur Hand. Ich stieß auf Matthäus 11,19. Einen Fresser und Säufer hatte man Jesus gescholten. Denn er nahm Einladungen zu Hochzeiten und Festessen an. Ich war verwirrt. Und dachte an den Titel von Lubacs Buch über das Wesen des Christentums: Paradoxe.

Eine Modenschau kann schön sein. Eine Modenschau von italienischen Modeschöpfern ist entzückend. Eine Modenschau auf der spanischen Treppe in Rom ist ein Traum: oben die französische Kirche Trinità dei Monti, angestrahlt vom Licht der Scheinwerfer und umrahmt vom Licht der Sterne; unten der plätschernde Brunnen von Berninis Vater, ein Schiff darstellend und darum Barcaccia geheißen; und dazwischen, auf dem Spiel von Stufen und Absätzen und Terrassen, die Grazien mit tänzelndem Schritt, auf und absteigend, in verführerischer Eleganz die neuesten Kreationen der alta moda zur Schau stellend.

Wir sahen sie: blendend. Wir hörten die Klänge des Orchesters: betörend. Wir sahen und hörten das Feuerwerk: unvergeßlich. Ob wohl dem, der hier Regie führte, das biblische Bild vor Augen gestanden hatte? Das von der Jakobsleiter? Auf der die Engel Gottes auf- und niedersteigen?

Das Fernsehen übertrug die Schau. Per Eurovision. Ganz Europa sollte sie sehen. Und sich an diesem Stück Rom erfreuen.

Doch etwas übertrug das Fernsehen nicht: das Ambiente, die Atmosphäre, die römische Luft. Wir sogen sie ein.

Rom ist eine schöne Stadt.
Nur der Verkehr.
Nur die Angst vor Räubern.
Nur der Papst.
Aber sonst.
Rom ist eine ganz normale Stadt.

Der Präfekt der Glaubenskongregation feiert sein vierzigjähriges Priesterjubiläum. Der Bundeskanzler schreibt einen Glückwunschbrief. Der Botschafter lädt zum Abendessen. Der also Geehrte dankt mit bewegten Worten. Und fügt hinzu: Danken möchte ich darüber hinaus auch allen, die mir auf meinem Lebenswege Freund und Lehrer waren: Henri de Lubac, Hans Urs von Balthasar und ... Karl Rahner.

Ach, entfuhr es dem neben mir sitzenden Prälaten. Sieh mal einer an!

Was tun Sie eigentlich hier am Hofe des Papstes? So fragte mich ein Herr aus Düren. Er leitet dort das katholische Bildungswerk. Und um die Dürener katholisch zu bilden, fuhr er mit ihnen – einigen von ihnen – nach Rom. Ein Programmpunkt: Besuch in der deutschen Botschaft beim Heiligen Stuhl. Und dort im großen Sitzungssaal den Ständigen Vertreter ausfragen.

Ich zählte auf: Berichte schreiben, Demarchen machen, Besucher betreuen. Das alles erläuterte ich, wortreich und mit handfesten Beispielen. Und verschwieg, was hinter den Kulissen geschieht:

Den amerikanischen Bischöfen einen Aufsatz über die Frau in der Kirche so zuspielen, daß sie meinen, der Papst stände dahinter. Oder zumindest der Leiter der Glaubenskongregation. (Das hatte ich auf eigene Faust getan. Mit Hilfe von Helfershelfern. Sie tun sich ja so schwer mit ihrem Rundschreiben zu diesem Thema, die amerikanischen Bischöfe. Schon die dritte Fassung ging nicht durch. Und der Aufsatz war in einer internationalen katholischen Zeitschrift erschienen. Aber nur in der deutschen Ausgabe. In der englischen nicht.)

Den päpstlichen Sonderbeauftragten für die Schweiz vor seiner Abreise zum Abendessen einladen und rein zufällig neben jemanden plazieren, der einen 60seitigen Bericht über die fatalen Folgen der Churer Bischofsernennung geschrieben hat.

Den Jesuitenpater, der von einer Geheimmission nach China zurückgekehrt ist, nach dem Wetter fragen und dabei von dem Leben und Leiden der Untergrundkirche erzählen lassen.

Der Herr aus Düren, dem ich das eine gesagt und das andere nicht gesagt hatte, war nicht zufrieden. Er insistierte. Was Sie da erzählen, tut doch jede Botschaft. Was aber tun Sie, an dieser Botschaft, die es nur einmal gibt?

Da wurde ich deutlich: Ich versuche, nach dem Evangelium zu leben. Ich tue das, was Jesus gesagt und was Matthäus aufgezeichnet hat. Im 23. Kapitel.

Die Dürener blickten mich an. Ihre Blicke verrieten Unverständnis. Da zitierte ich – ohne Bibel, nur so aus dem Gedächtnis: Sie lassen sich auf den Straßen und Plätzen gerne grüßen und von den Leuten Rabbi nennen. In der Synagoge möchten sie die vordersten Sitze einnehmen und bei jedem Festessen den Ehrenplatz bekommen.

Die Blicke der Dürener verrieten noch immer Unverständnis. Da wurde ich konkret: mich, wann immer ich den Vatikan betrete, von den Schweizergardisten mit strammer Haltung begrüßen und zu Unrecht mit Exzellenz anreden lassen; im Petersdom in Frack und mit Orden einen reservierten Sitz in einer der ersten Reihen einnehmen; mich zu Festessen einladen und mir dabei einen Ehrenplatz zuweisen lassen.

Da wußten die Dürener nicht, ob sie lachen oder weinen sollten. Sie taten, was das Beste war. Sie stellten das Fragen ein, bedankten sich und zogen wieder ab.

Alle wollten sie ein Interview mit ihm, dem neuen Kardinal. Zuletzt hatten nur noch The New York Herald Tribune und Die Welt eine Chance. Die Welt machte das Rennen.

Frage: Was sagen Sie zu den umstrittenen Bischofsernennungen?

Antwort: Das Recht, um Rat gefragt zu werden, und das Recht, den eigenen Bischof zu wählen, werden häufig verwechselt. Der Papst ernennt die Bischöfe frei. So sind die Hirten unabhängig von jeglicher örtlichen Bindung und nur der größeren Ehre Gottes ergeben.

Die dicken Bücher, die die Deutschen mit Scharfsinn

und historischem Sachverstand zur Frage der Bischofsernennungen schreiben, werden Makulatur. Auch wenn sie Papst Leo den Großen zitieren: Wer an der Spitze von allem ist, soll auch von allen gewählt werden, damit die Stadt nicht einen ihr unerwünschten Bischof verachtet oder haßt und das religiöse Leben darunter leidet. Wer ist schon Leo der Große!

Der arme Gläubige wundert sich, welche Bischöfe ihm auf diese neue Weise beschert werden:

einer, der sagt, er sei gekommen, dem Kirchenrecht zum Sieg zu verhelfen;

einer, der Menschensatzung höher stellt als Gottes Gebot, indem er behauptet, der Zölibat sei wichtiger als die regelmäßige Eucharistiefeier am Sonntag;

einer, der es fertig bringt, daß kaum noch einer seine Kinder von ihm firmen läßt.

Häufig, allzu häufig stößt man in Rom auf das Wort von der ecclesia experta in humanitate. Von der Kirche, die Expertin ist in dem, was den Menschen betrifft. Nicht nur in dem, was Gott betrifft. Das weiß sie ohnehin. Als Hüterin des Glaubensschatzes, des depositum fidei. Nein, nicht nur in divinis, auch in humanibus will sie Expertin sein. Das klingt so anmaßend. Und tut so weh.

Gewiß. Manches an Erfahrungen mag in ihrer zweitausendjährigen Geschichte in ihrem kollektiven Gedächtnis haften geblieben sein. Aber weiß sie wirklich alles? Braucht sie sich auch in humanibus nicht mehr belehren zu lassen? Weder von den Naturwissenschaften noch den Wirtschaftswissenschaften noch den Geschichtswissenschaften? Das kann doch nicht sein. Das wäre nicht nur anmaßend. Das wäre schlicht falsch.

Oder sollte sie so weit den Versuchungen eines Stellvertreters erlegen sein, daß sie auch hierin meint, sich an die Stelle ihres Meisters setzen zu können? Von dem es im Johannesevangelium heißt, daß er es nicht nötig hatte, daß ihn jemand über den Menschen aufklärte; wußte er doch, was im Menschen ist (2,24 f.).

Ich ging der Sache nach. Da fand ich: Papst Paul VI. hatte dieses Wort geprägt. In seiner Enzyklika Populorum Pogressio steht es. Im 13. Kapitel. Und da bedeutet es genau das Gegenteil von dem, was andere daraus gemacht haben. Nämlich: die Kirche bietet dem Menschen nicht das, was der Staat, die Gesellschaft, menschliche Autoritäten ihm bieten können. Sie bietet das, was diese nicht bieten können: die Wahrheit, die Liebe, das Heil. Und erfahren in Fragen, die den Menschen betreffen, weiß sie, daß der Mensch ihrer bedarf, um ganz Mensch zu sein.

Das Wort von der ecclesia experta in humanitate hätte hier im Grunde fehlen können. Aber es stand nun einmal da. Und wirkte und wirkt auf viele so berauschend, daß sie es immer wieder zitieren. Isoliert und sinnentstellt.

Man sollte es nicht mehr zitieren. Oder nur in Verbindung mit anderen Papstworten. Etwa dem des jetzigen Papstes, das er am 15. November 1980 im Dom zu Köln formulierte. Wo er das Recht der Wissenschaften auf Autonomie hervorhob. Und die Pflicht der Kirche, auf sie zu hören. Und die Dringlichkeit eines beständigen Dialogs.

Vier Jahre war Wilhelm von Humboldt in Rom. Da erreichte ihn ein Breve Seiner Majestät, des Königs von Preußen:

Wir haben ihn nach Rom gesandt. Itzo gestatten Wir ihm allergnädigst, daß er sich fürderhin Gesandter nenne.

Zwei Jahre war ich in Rom. Da erreichte mich ein Erlaß des Auswärtigen Amts:

Seien Sie ein guter Deutscher.
Seien Sie mehr, als Sie scheinen.
Seien Sie Gesandter, ohne so zu heißen.

So zerrinnen Träume.

Vertrauen Sie nie etwas Wichtiges der Post an. Nicht einmal in Gedanken.

So schrieb die große Teresa von Avila der Priorin ihres Ordens in Valladolid.

Welch eine Klarsicht. Welch ein Weitblick. Als meinte sie Italien. Und das 400 Jahre später.

Sie mauern ihn ein wie einen Gefangenen, den Papst. Er soll nicht erfahren, was alles außerhalb geschieht.

Als er wiederkam, der Abgesandte, der die Stimmung im Lande erkunden sollte, und als er dem Papst die ungeschminkte Wahrheit vortragen wollte, da waren sie dabei. Zu fünft. Er sollte nicht allein dem Papst verraten, wie es steht. Sie wollten gleich zur Stelle sein, um die Schminke aufzutragen. Damit das Bild so sei, wie sie es wollten. Nicht so, wie es ist.

Sagte mir doch eines Tages einer:

Willst du ein Blatt verlieren, so gehe in den Wald und lege es zu den tausend anderen.

Willst du ein Buch verlieren, so gehe in eine Bibliothek und stelle es zu den tausend anderen.

Willst du den Glauben verlieren, so gehe nach Rom.

Ich schaute ihn mit großen Augen an.

Rom heißt, so fuhr er fort: immer nur siegen und Triumphe feiern. Doch Jesus preist die selig, die verfolgt und verleumdet werden.

Rom heißt: immer nur befehlen und Macht demonstrieren. Doch Jesus sagt: Wer bei euch groß sein will, sei euer Diener.

Rom heißt: immer Recht behalten und von niemandem sich belehren lassen. Doch Jesus sagt: Wenn ihr nicht werdet wie die Kinder.

Da antwortete ich ihm: Rom heißt noch mehr. Rom zeigt, was nur Rom zeigen kann. Der Papst ist ein schwacher Mensch und nicht Gott; die Kurie besteht nicht nur aus Heiligen; was man für bleibend hält, erweist sich als vergänglich. Rom zerstört die vielen falschen Götter und macht den Weg frei für den einen Gott. Und ich fügte hinzu, was Erika Lorenz über den Glauben des spanischen Mystikers Johannes vom Kreuz geschrieben hat: Sein Glaube ruhte auf der Erfahrung von nicht mehr tragender Frömmigkeit.

Die Bischofssynoden. Auch sie ein Ergebnis des Zweiten Vatikanischen Konzils. Und deshalb nicht nach jedermanns Geschmack. In den Augen mancher störend, ja gefährlich. Nicht für die Kirche. Aber für die Kurie.

So empfand es auch Benelli, dritter Mann in Rom nach dem Papst und dem Kardinalstaatssekretär, dessen Vertreter er war. Damals. 1971. Da hat er sie gezähmt. Durch eine schlichte Geschäftsordnung. Durch Verfahrensvorschriften. Durch Manipulationen. Durch Dinge, die man am besten gar nicht weitererzählt. (Sie stehen aber inzwischen in Büchern. Sogar seriösen.) Jedenfalls: Benelli brachte alles wieder ins Lot. Er stellte die Ordnung wieder her.

Das Konzil hatte festgestellt: Die volle und oberste Regierungsgewalt über die Kirche ist Sache der Bischöfe gemeinsam mit dem Papst. Das war 1963, am 30. Oktober. 1808 Stimmen waren dafür, 336 Stimmen waren dagegen. Das Votum war nicht einstimmig, jedoch eindeutig. Die Frage: Regiert der Papst die Kirche mit Hilfe der Bischöfe oder regieren die Bischöfe die Kirche gemeinsam mit dem Papst, war entschieden. Zugunsten der zweiten Alternative. Die Abstimmung vom 30. Oktober war eine Testabstimmung gewesen. Gewiß. Sie sollte der allgemeinen Orientierung dienen. Im endgültigen Text der Konstitution über die Kirche hieß es dann: »Der Bischof von Rom hat volle, höchste und universale Gewalt über die Kirche. Das Kollegium der Bischöfe aber ist gemeinsam mit ihrem Haupt, dem Bischof von Rom, gleichfalls Träger der höchsten und vollen Gewalt über die ganze Kirche.« Dies alles war jedoch nur noch Erinnerung. Übrig blieb ein Beratungsgremium. Worüber beraten wird, steht vorher fest.

Die Synode von 1990 hatte es erneut gezeigt. Was nicht auf der Agenda stand, wurde nicht diskutiert.

Ergebnis: Will man auf die Synode Einfluß nehmen, muß man es vorher tun. Damit wenigstens zum Thema wird, was man erörtert haben möchte. Und Einfluß nehmen wollte ich, wenn auch nur ein bißchen, auf die nächste Synode, die europäische, die Bischöfe aus Ost und West vereinen sollte. Ich hatte einen Aufsatz gelesen über die Glaubenserfahrungen der Katholiken in der alten DDR. Es durchzuckte mich: Das wäre etwas für die Synode. Ich fragte einen Bischof. Ich fragte einen Prälaten. Beide sagten: Ja, tun Sie, was Sie zu tun vorhaben.

Ich nahm meinen Federhalter, schrieb dem Generalsekretär der Synode – dem, durch dessen Hände alles lief – einen, wie ich meinte, wunderschönen Brief. Und fügte den besagten Aufsatz in Ablichtung bei. Mit der Bitte um gebührende Beachtung. Man möge sein Thema mit auf die Agenda setzen. Möglichst auch seinen Inhalt.

Nach vier Wochen erhielt ich eine Antwort.

»Hochverehrter Herr Doktor,
die Lektüre des von Euer Hochwohlgeboren übersandten Aufsatzes ist von besonderer Aktualität und Hilfe... Indem ich für diese Aufmerksamkeit überschwenglich danke, habe ich die Ehre, Euer Hohlwohlgeboren meiner aufrichtigen Wertschätzung zu versichern und mich als Euer Gnaden allerergebenster Diener zu empfehlen.
NN. Erzbischof und Generalsekretär«

Der Brief war auf italienisch gechrieben. Wenigstens den Schluß muß man einfach auf italienisch lesen. Ich will ihn zitieren. Das geht ein wie Honig.

»Nel ringraziare la Signoria Vostra per la premurosa attenzione riservata a questo ufficio, ho l'onore di signi-

ficar Le i sentimenti della mia sincera stima, professandomi della Signoria Vostra Illustrissima devotissimo
...
Segretario Generale«

Ich war perplex. Hieß das: Mischen Sie sich gefälligst nicht in unsere Synodenvorbereitungen ein, Sie Laie, Sie! Oder hieß das: Tausend Dank für Ihre Mithilfe. Sie ist uns hochwillkommen, um so mehr, da unerwartet.

Ich fragte einen Professor der Gregoriana. Der meinte: Auf hochdeutsch heißt das: Lassen Sie uns in Ruh mit Ihrem Gewäsch.

Ich fragte einen zweiten Professor der Gregoriana. Der meinte: Das heißt: Welche Ehre für uns, daß sich sogar eine Botschaft für unsere Arbeit interessiert. Eine solche Anregung werden wir nicht nur prüfen. Nein. Wir werden sie uns vollumfänglich zu eigen machen.

Ich wußte jetzt, was kurialer Stil ist: geschraubt und unentzifferbar, alles heißend und nichts sagend. Ich beschloß, den Brief Seiner Exzellenz, des Herrn Erzbischofs und Generalsekretärs der Europäischen Bischofssynode, einzurahmen. Und an der Kurie zu verzweifeln.

Wieder vier Wochen später. Bei einem Empfang des amerikanischen Botschafters traf ich den Absender des eingerahmten Briefes, Seine Exzellenz, Erzbischof S. Er schritt freudestrahlend auf mich zu, umarmte mich und dankte mir für meinen Beitrag zur Synodenvorbereitung. Und das überschwenglich. Wissen Sie, hochverehrter Herr Doktor, wir haben nämlich keine einzige deutsche Zeitschrift abonniert. Wir lechzen geradezu danach, auch von dort etwas zu erfahren. Ihr Brief und der beigefügte Aufsatz kamen uns wie gerufen.

Da beschloß ich, seinen Brief eingerahmt zu lassen. Und auf die Kurie zu hoffen.

Zwei deutsche Rompilger.

Der eine: Ich gehe nie mehr zum Beichten. Zumindest nicht im Petersdom. Hundert Gegrüßet-seist-du-Maria hat er mir als Buße aufgegeben. Und gelabert hat er, was er jedem herunterlabert, egal, was er beichtet. Man merkte es.

Der andere: Mein größtes Romerlebnis war meine Beichte. Wie ein Stein fiel es mir vom Herzen. Endlich fühlte ich mich frei. Singen hätte ich mögen. Ich war am Karsamstagabend in der Kirche Il Gesù. Dort hören deutsche Jesuitenpatres Beichte. Es war ein echtes Osterfest für mich. Zu neuem Leben auferstanden. Glücklich.

Kardinal de Lubac ist gestorben. Die Zeitungen berichten es: die frommen und die weniger frommen. Sie schildern, welch ein großer Mann er war. Doch wie er dann eines Tages nicht mehr sagen durfte, was er wußte. Weil die theologischen Lehrbücher der Neuscholastik nicht enthielten, was er lehrte. Wie er seine Lehrtätigkeit aufgeben und die Stätte seines Wirkens verlassen mußte. Wie seine Bücher nicht mehr erscheinen durften – besonders das eine nicht, das ›Surnaturel‹ betitelt war. Und wie er dann eines Tages wieder lehren und schreiben durfte, ja Konzilstheologe wurde und von allen respektiert. Sogar vom Papst, von diesem

Papst. Im Institut Catholique von Paris war es. Da unterbrach der Papst seine Ansprache, als er Henri de Lubac unter den Zuhörern sitzen sah. Ich neige mein Haupt vor Père de Lubac, sagte der Papst. Und drei Jahre später machte er ihn zum Kardinal.

Das alles konnte man aus Zeitungen, Zeitschriften, Rundfunksendungen erfahren. Doch niemand schrieb und niemand sagte, wie Père de Lubac sich den Himmel verdiente. Als ich ihn an seinem Ort der Verbannung besuchte, trug er, der große Meister, den Koffer des kleinen Studenten, der ich damals war, meinen Koffer! Ich konnte es nicht verhindern. Was ihr dem Geringsten meiner Brüder... Wenn ihr einem dieser Kleinen auch nur einen Becher frischen Wassers reicht... Das war Henri de Lubac. Im Gegensatz zu uns.

Es fing ganz harmlos an. Der Primas der schwedischen Kirche, Erzbischof Bertil Werkström, machte dem Papst einen Gegenbesuch. Das war 1990. Dabei machte er einen Vorschlag: Feiern wir doch die heilige Birgitta von Schweden gemeinsam. Und zwar am 600. Jahrestag ihrer Heiligsprechung. Am 5. Oktober 1991.

Der Papst sagte ja. Bald darauf kam der König von Schweden. Auch zum Gegenbesuch. Er äußerte die gleiche Bitte. Der Papst sagte abermals ja. Jetzt gab es kein Halten mehr. Ein Festkomitee wurde gegründet. Einladungen wurden ausgesprochen. Vorbesprechungen wurden abgehalten. Und am Ende stand die Feier selbst.

Höhepunkt: Gemeinsamer Gottesdienst im Petersdom. Mit Chören aus Uppsala, Vadstena und Stockholm. Es kamen: Die Bischöfe aus Skandinavien, die evangelischen und die katholischen. Der König und die Königin von Schweden. Die Präsidentengattin von Polen. Der Ministerpräsident von Mecklenburg-Vorpommern.

Zum erstenmal in der Geschichte ein ökumenischer Gottesdienst in Sankt Peter. Zum ersten Mal in der Geschichte ein evangelischer Bischof, der in Sankt Peter predigte – und dann gleich zwei: der Primas von Schweden und der Primas von Finnland. Zum ersten Mal in der Geschichte ein Papst, der gleichzeitig mit zwei evangelischen Bischöfen der Menge den Segen erteilte.

Also: ein historisches Ereignis.

Drei Zeilen im Osservatore Romano. Nur drei Zeilen: Die Heiligsprechungskongregation hat ein Wunder anerkannt. Eines, das der Fürsprache von Adolph Kolping zuzuschreiben ist.

Ich legte die Zeitung wieder beiseite. An Wunder braucht man nicht zu glauben. Man sollte es auch nicht. Über das Heilige kann man nicht verfügen.

Doch da ging das Telefon. Hier Internationales Kolpingwerk Köln, Generalsekretär. Kann ich morgen kommen?

Bitte, natürlich, aber was ist denn los?

Ja, haben Sie denn nicht den Osservatore Romano gelesen? Adolph Kolping wird doch seliggesprochen. Unser Adolph Kolping!

Aber da war doch nur von einem Wunder...

Was Wunder. Das war das i-Tüpfelchen, der Schlußstein, der krönende Abschluß. Jetzt ist es soweit. Jetzt geht's nur noch um das Technische. Wir kommen.

Er kam nicht einmal. Er kam ein Dutzend mal. Er sprach nicht nur mit uns. Er sprach mit dem Polizeipräfekten von Rom. (Wieviel Menschen erlaubt die Polizei im Petersdom? Was, nur 16 000? Wir sind 26 000 allein aus Deutschland. Dann eben Petersplatz. Mit Via della Conciliazione. Das reicht für 100 000.) Er sprach mit dem Bürgermeister. (Können wir das Kolosseum mieten? Einen Abend nur. Den Abend davor. Für eine grandiose Lichterfeier. Nein. Wir bieten Ihnen aber die Lateranbasilika. Auch altehrwürdig. Mit dem Platz davor.) Er sprach mit Pilgerbüros, Verkehrsvereinen, Hotelketten. Er sprach mit allen.

Sechs Monate vor dem großen Ereignis waren alle Hotels in Rom und 70 km Umgebung – Luxushotels für Prominente inbegriffen – fest in der Hand von Kolping. Drei Monate vorher stand das Programm: Ausstellung (vom deutschen Botschafter beim Heiligen Stuhl zu eröffnen), Lichterfeier, Seligsprechung selbst, Dankesmessen in den großen Kirchen Roms, Sankt Peter inbegriffen, Papstaudienz, Dankprozessionen und vor allem zum Abschluß Fest der internationalen Begegnung im 15 000 Personen fassenden (also an zwei Abenden zu benutzenden, damit möglichst viele dabei sein könnten) Sportpalast von Rom. (Es war, wie sich nachher herausstellte, ein Fest rheinischer Fröhlichkeit. Wie beim Karneval. Jetzt wußte jeder: Kolping ist nicht nur ein deutscher, er ist vor allem ein Kölner Seliger.)

Desungeachtet: Aus ganz Deutschland kamen die

Pilger. Per Flugzeug, per Bus oder Auto, mit der Eisenbahn oder gar zu Fuß. Und aus ganz Deutschland kamen die Delegationen: vom Bundestag (Frau Bundestagspräsidentin an der Spitze), von der Bundesregierung (Minister Blüm an der Spitze), von Baden-Württemberg (mit dem Teufel an der Spitze), von Nordrhein-Westfalen, von Bayern, von Sachsen, von Mecklenburg-Vorpommern.

Da war die Botschaft gefragt, und deshalb verhängte der Botschafter Urlaubssperre, und deshalb kriegte unser Kultur-, Presse- und Protokollreferent, der, der alles machen sollte, einen Herzinfarkt, und deshalb mußte ich ihn vertreten:

Hotelunterbringung sicherstellen (konkret: aus dem von Kolping mit Beschlag belegten Bestand heraustrotzen), Autos anmieten bzw. Busse (Blüm kam allein mit einer Delegation von 35 Mann, Frauen mitgerechnet, fünfunddreißig!), Polizeieskorten und weiße Mäuse besorgen, Rahmenprogramm vorbereiten (Santa Maria Maggiore, Sixtinische Kapelle, Aurelianische Mauer, Trevi-Brunnen, Spanische Treppe, Forum Romanum – kurz: ganz Rom in zwei Tagen), Einladungsliste für den großen Empfang des Botschafters machen und Einladungen verschicken (es waren immerhin der Vorsitzende der deutschen Bischofskonferenz, vier Kardinäle und ein zweiter Adolf Kolping dabei, nämlich der jetzt 82-jährige frühere Münstersche Dogmatikprofessor und lebenslange Ur-Ur-Urgroßneffe des Seligen), Abholung am Flughafen sicherstellen und Verabschiedung dortselbst (und das auf verschiedenen Flughäfen; sie kamen nicht nur zu verschiedenen Zeiten, sie kamen auch auf verschiedenen Flughäfen an, die offiziellen Delegationen aus Deutschland!), Sonderaudienz beim Papst durchdrücken und vor allem: bei der Seligsprechungsmesse Ehrensitze verlangen und – noch schlimmer – die hohen Gäste in der protokollarisch richtigen Reihenfolge plazieren. Wer kommt in die erste Reihe, wer in die zweite, wer in die letzte? Ich machte eine schöne Reihenfolge: Frau Süßmuth – immerhin zweiter Mann im Staat – an der Spitze, Hanne und ich am Schluß. Und dazwischen? Der Botschafter traute mir nicht. Rufen Sie in Bonn beim Protokoll des Auswärtigen Amts an und lassen Sie sich die Reihenfolge bestätigen. Die Sache ist zu heikel. Sie ahnen ja gar nicht, wie empfindlich so Politiker sind! Ich rief an. Und das, obwohl wegen Regen – wie üblich – die Telefone in Rom stundenlang versagten. Das Protokoll des Auswärtigen Amts wußte, daß Minister aus Bayern vor Ministern aus Nordrhein-Westfalen rangieren, bloß wegen des Alphabets, und daß der Landtagspräsident von Mecklenburg-Vorpommern vor dem aus Sachsen zu sitzen hat, aus dem gleichen Grunde. Als es aber um die Abgeordneten ging, paßte das Protokoll des Auswärtigen Amts. Da fragen Sie lieber das Protokoll des Bundestags. Der eine ist Ausschußvorsitzender, der andere Fraktionsgeschäftsführer, der dritte Pressesprecher seiner Fraktion. Das alles findet seinen Niederschlag in der Sitzordnung.

Als die Sitzordnung hieb- und stichfest war – zwei Tage vor dem großen Ereignis – kam ein Telefax. (Das hat man von dieser diabolischen Erfindung.) Absender: Abgeordneter Pipapo (aus Bayern). Inhalt: Bitte für mich und meine Gattin (sic!) Abholung am Flugplatz (Ankunft 23. 30 Uhr), Hotelunterbringung, Sitzplatz in der ersten Reihe und vor allem Teilnahme an privater Frühmesse des Papstes am Montagmorgen um 6 Uhr mit anschließender Sonderaudienz und kleinem Frühstücks-Tête-à-tête garantieren. Erbitte Rückruf oder Rückfax innerhalb der nächsten zwei Stunden. Ich rief zurück: Wir tun alles, im Zeichen Adolph Kolpings sogar Wunder.

Ehrenplätze (hinter den unseren natürlich) verteilte auch das Kolpingwerk selbst. Nur: Als die dafür vorgesehenen zweihundertachtzig Platzkarten verteilt werden sollten, waren sie verschwunden. Nach drei Tagen ein Anruf: Habe Ihre Karten gefunden. Doch für 10 Mark pro Karte Finderlohn kann ich sie Ihnen verkaufen. Kolping kaufte dem ehrlichen Finder die Karten ab. Wenn man schon ohnehin für den Blumenschmuck vor, hinter, neben und auf dem Altar und das übrige Arrangement weit über 10 000 geblecht hat, kommt's auf die läppischen 2 800 auch nicht mehr an.

Die Delegationen trafen ein. Die Maschine mit dem Teufel aus Baden-Württemberg hatte Verspätung, die von der Süßmuth Verfrühung, und für die Luftwaffenmaschine von Norbert Blüm gab's keine Treppe. (Es war ein russisches Modell, Beutestück aus der alten DDR; darauf war man nicht eingestellt. Aber nach einer Viertelstunde hatten die Italiener aus zwei Treppen eine gemacht. So ging's auch ohne Fallschirm.)

Große Schau auf dem Petersplatz. Fachleute errechneten: noch nie so voll (mehr als 100 000), noch nie so diszipliniert (schon der Einmarsch der 1800 (!) Bannerträger mit ihren Kolpingfahnen erinnerte an Preußens Gloria), noch nie so viel gesungen. (Zum Schluß das Kolpinglied, das mit den wandernden Burschen zu Köln am Rhein. Der ganze Petersplatz wippte mit.)

Diszipliniert war nicht nur die Feier auf dem Petersplatz. Diszipliniert war sogar der Verkehr. Jeder sagte: Wenn die 580 Kolpingbusse (fünfhundertachtzig!) kommen, ist das Chaos total. Es war nicht total. Es war überhaupt nicht da, das erwartete und befürchtete Chaos. Generalstabsmäßig wurden die Busse ferngesteuert. Und es geschah das, was man von den Deutschen erwartet hatte: Es klappte.

Es klappte sogar mit dem Wetter – allen pessimistischen Voraussagen der Meteorologen zum Trotz. An diesem einen Tag der Seligsprechung lachte der Himmel. Die paar Tropfen, die er weinte, waren Freudentränen. Alles für und wegen Adolph Kolping.

Niemand macht den Hofknicks so formvollendet wie die Gattin des französischen Botschafters beim Heiligen Stuhl – jenen Knicks (mit dem linken Knie), auf den die Kardinäle warten. Und von dem sie (einige von ihnen) meinen, sie hätten ein Anrecht darauf.

Wir sahen, bestaunten, bewunderten ihn – den Knicks – und sie – die Gattin – in der Residenz des deutschen Botschafters. Dort, wo sich Kardinäle, Erzbischöfe und niederes Volk versammelt hatten. Um dabei zu sein. Und zu klatschen. Nämlich in dem Moment, wo der deutsche Botschafter einem französischen Kardinal die höchste Stufe des Verdienstordens der Bundesrepublik Deutschland überreichen würde.

Der Botschafter hatte eben ansetzen wollen zu seiner Laudatio, da öffnete sich die Türe. Hereingerauscht kam sie, gefolgt von ihrem Mann. Und sie beglückte und verwirrte alle anwesenden Kardinäle, Erzbischöfe und Bischöfe mit ihrem eleganten Hofknicks. Er war gekonnt.

Hanne tut so etwas nie. Nicht etwa, weil sie weniger sportlich wäre. Sondern aus Prinzip. Auch Kardinäle sind nur Menschen. So lautet ihr Argument.

Europäische Bischofssynode. Ich nahm nicht daran teil. Natürlich nicht. Aber ich hatte Gelegenheit, Teilnehmer zu befragen.

Der Bischof von H. Es war nicht eine Synode wie die anderen. Thema und Ergebnis lagen keineswegs vorher fest. Jeder konnte seinem Herzen Luft machen. Es war beeindruckend, was wir auf diese Weise zu hören bekamen. Erschütternd war das Glaubenszeugnis der Bischöfe aus der Verfolgung. Wie sie Gott im Leiden fanden. Wie sie im Gefängnis frei wurden. Wie sie Verfolgung als Geschenk erfuhren. Mir verschlug es den Atem.

Der Bischof von R. Der Weihbischof von Schwerin hat endlich ausgesprochen, was Millionen von Katholiken bedrückt. Er hat die Trennung zwischen denen da oben und denen da unten überwunden. Er war ein wahrer Pontifex, ein Brückenbauer. Ich werde ihm einen Dankesbrief schreiben.

Der Erzbischof von L. Der Beste war der Papst. Er lud uns zum Schluß alle zum Mittagessen ein. Dabei hielt er eine Tischrede, ohne Konzept, ganz er selbst. Er sagte nicht das, was die Kurie ihm aufdrängte. Er sagte das, was sein Herz ihm eingab. Ökumenisch war er. Denselben Christus haben wir, so sagte er immer wieder. Was brauchen wir noch mehr. Und demütig war er. Servus servorum, Diener aller Diener, das ist der einzige mir gemäße Titel, und das und nichts anderes will ich sein. Es traf uns alle mitten ins Herz. Erst klatschte einer, dann zwei, dann alle. Wir waren begeistert und mächtig stolz auf unseren Papst. So hatten wir ihn noch nie erlebt. Nur schade. Diese Rede wird nie gedruckt. Statt dessen nur die tausend anderen, die er nicht verfaßt hat und die nicht er selber sind.

Urteile über den Papst.

Er hat uns den Rücken gestärkt. (Ein Litauer)

Er war unser Stolz und unsere Hoffnung. (Ein Pole)

Ihm danken wir unsere Freiheit. (Ein Tscheche)

Er wird als einer der ganz Großen in die Geschichte eingehen. (Ein Botschafter)

Hätten wir doch auch so einen Fels in der Brandung. (Ein deutscher Protestant)

Wie ein neuer Mose führt er das Volk Gottes durch die Wüste der Postmoderne. (Die Zeitschrift La Civiltà Cattolica)

Er mag ja ein guter Mann sein. Doch er hat uns die Freude am Katholischsein genommen. Die Freude, die uns das Konzil geschenkt hatte. (Ein Priester aus Spanien)

Für ihn hört die Kirche offenbar bei den Bischöfen auf. Habe ich die Bischöfe auf meiner Seite, habe ich die Kirche im Griff. Doch das Volk läuft ihm in Scharen davon, hin zu den Sekten. (Ein Bischof aus Brasilien)

Er kämpft für die Freiheit des Gewissens – und zerstört sie wieder, indem er das Gewissen an die römischen Entscheidungen wie an göttliche Gebote binden will. (Ein lutheranischer Pfarrer)

Er überhört die Mahnung, die Bernhard von Clairvaux an Papst Eugen richtete, sich nicht selbst zum Herrn der Kirche zu machen. (Ein Professor für Kirchengeschichte)

Es war 1978. Der neue Papst hatte soeben sein Amt angetreten. Da veröffentlichte der Osservatore Romano zwei Aufsätze von ihm aus seiner Krakauer Zeit. Um den neuen Papst vorzustellen. Der eine Aufsatz bekannte sich zur Enzyklika Humanae Vitae. Der andere zur Konzilskonstitution Gaudium et Spes und deren Feststellung: Die Kirche verkündet die Menschenrechte. Das war er, und das ist er geblieben. (Ein amerikanischer Autor)

Er ist ein armer Mann. (Hanne)

Für das Auswärtige Amt war der Jahresbericht fällig. Wieder einmal. Nur Tatsachen. Keine Fragen.

Die Fragen, die das Jahr mir aufgab, stellte ich mir selbst. Antwort erhielt ich zum Teil von den deutschen Jesuitenpatres Knauer, Weger, Kehl. Ich nahm sie dankbar entgegen. Allein, es blieb ein unbeantworteter Rest.

Da erinnerte ich mich an einen meiner früheren Botschafter. Dieser hatte gesagt: Wenn ich etwas nicht verstehe, halte ich darüber einen Vortrag. Sprach's und tat's. Sein Thema: Die Aufgaben eines deutschen Botschafters in Brüssel. Jetzt war ihm alles klar. Das war drei Tage vor seinem Eintritt in den Ruhestand.

Mein Thema war ein anderes. Denn was soll einem, der an den Hof des Papstes gesandt ist, anderes zur Frage werden als eben dieser Hof.

Da kam mir wie gerufen der 400. Todestag von Johannes vom Kreuz. Kirchenlehrer war er, Mystiker, Dichter, Reformator, Heiliger. Seine Antwort wollte ich hören. Seine Antwort wollte ich weitergeben.

Und seine Antwort lautete: Nicht die Welt ist absolutes Ziel. Nicht die Kirche ist absolutes Ziel. Gott ist absolutes Ziel. Nicht für die Welt sind wir geschaffen. Nicht für die Kirche sind wir geschaffen. Für Gott sind wir geschaffen. Nicht das Engagement für die Welt macht frei. Nicht der Gehorsam gegenüber den kirchlichen Oberen macht frei. Nur der Glaube an Gott macht frei.

Ich nahm mir vor, nur das Letzte zu sagen. Dann ergibt sich das andere von selbst. Dann brauche ich nicht zu erwähnen, unter wessen Pontifikat das Weltengagement zur ersten Christenpflicht hochstilisiert wurde. Auch nicht, unter wessen Pontifikat die Kirche Anstalten machte, sich an die Stelle Gottes zu setzen und für sich totalen Gehorsam zu verlangen. Ich brauche nur zu wiederholen, was Johannes sagt.

Zuerst schrieb ich ein Buch. Pour le grand public.

Dann sprach ich in Fulda. Bei einem Symposion. Organisiert von der Katholischen Akademie Rhabanus Maurus. Was Jesuiten und Karmeliter, Universitätsprofessoren und der Referent aus Rom dort zusammentrugen, machte das Symposion zu einer Symphonie.

Die Exerzitien wollen nicht Kadavergehorsam, Stehen in Reih und Glied, Gefolgschaftstreue. So meinte es vielleicht das 19. Jahrhundert und das beginnende 20. Doch nicht Ignatius. Er wollte zu Gott führen und damit zu sich selbst. Helfen, auf eigenen Füßen zu stehen. Freiheit. Und eben das will auch Johannes. Daß ein Beichtvater seine Beichtkinder und die Kirche ihre Gläubigen in Abhängigkeit hält, nennt er nicht nur schlimm. Er nennt es teuflisch.

Zum Schluß sprach ich in Rom. In einer Veranstaltungsreihe des Römischen Instituts der Görresgesellschaft. Dort, wo zuvor der Präfekt der Glaubenskongregation gesprochen hatte. Ich fand das richtig so. Zuerst der berufsmäßige Hüter des Glaubens. Dann der Hobby-Interpret von einem, der schrieb:

> Trunken war ich, wie von Sinnen,
> hingerissen, außer mir!

Sein Thema war: Der neue Weltkatechismus – der, der im nächsten Jahr erscheinen soll. Mein Thema: Der Glaube als Weg zu Gott.

Auch das fand ich richtig. Zuerst die Wahrheit in Sentenzen. Dann die Wahrheit, die Begegnung heißt.

Die Römer, die bekanntlich Italiener sind, verbanden mit dem Wort Begegnung ihre eigenen Vorstellungen. Sie dachten an das Wiedersehen Dantes mit Beatrice, der heißgeliebten. Ich brauchte das noch nicht einmal zu suggerieren. Wahrheit als Begegnung fanden sie großartig, berauschend, himmlisch.

Und ich hatte mein Ziel erreicht.

Das dritte Jahr: *Via della Conciliazione*

Zum Jahreswechsel, gewissermaßen als Weihnachtsüberraschung, setzte uns unser Hausbesitzer vor die Tür und auf die Straße. Ich ging zum Rechtsanwalt: Wenn Sie eine Elefantenhaut haben und Nerven wie Drahtseile, stehen Sie das durch. Ich ging zum Arzt: Sie haben keine Elefantenhaut und auch keine Nerven wie Drahtseile. Mit anderen Worten: Wohnungssuche.

Ich verhandelte mit Hundehaltern, Römern, die mit einer Deutschen verheiratet waren, und Kollegen aus dem italienischen Außenministerium. Bis ich einen fand, der alles in einem war. Dessen Wohnung mietete ich. Es war nur eine Etage, wenn auch Parterre und mit Blick ins Weite. Doch er nannte sie stolz Villa Manzoni. Er war eben Italiener.

Die beiden Hunde nahm er mit. Sie gehörten ihm ja. Die achtzehn Pferde ließ er da. Sie gehörten dem Nachbarn. Ebenfalls den Sonnenuntergang – weinrot (wie Hannes neues Auto) und hinter Pinien und Zypressen. Er gehörte uns allen. Schließlich auch die zwei Zitronenbäume vor dem Haus. Sie gehörten jetzt uns. Und schenkten uns jeden Morgen aufs neue die Antwort auf Goethes Frage: Kennst du das Land, wo die Zitronen blühen?

Eineinhalb Stunden war er beim Papst. Zweieinhalb Stunden war er bei uns in der deutschen Botschaft: Bischof Joseph Werth aus Nowosibirsk, Sohn wolgadeutscher Eltern, die man nach Kasachstan deportiert hatte, einer der beiden deutschsprachigen Priester, die am Ende der Verfolgungszeit noch die wolgadeutschen Katholiken betreuten. (Zu Beginn der Verfolgung, siebzig Jahre zuvor, waren es 179 gewesen.)

Wie haben Sie denn den Glauben bewahren können?

Wir hatten keine Bibel, keinen Katechismus, kein Meßbuch. Doch wir hatten gläubige Eltern. Vor allem eine Mutter, die uns vor jeder Mahlzeit fragte: Wie sollt ihr essen? Worauf wir antworteten: Genügsam, bescheiden und mit Dank gegen Gott.

Und wie fanden Sie den Weg zum Priestertum?

Ich hatte erfahren, daß in Litauen ein Priesterseminar war. Dort fand ich Aufnahme – mit Zustimmung der Behörden. Ohne Kenntnis der Behörden wurde ich auch Jesuit. Ich hatte den Orden in Litauen kennengelernt.

Wie konnten Sie Ihr Priestertum ausüben?

Ich war Seelsorger für die deutschstämmigen Katholiken an der Wolga, die der Vertreibung entgangen waren. Meine Pfarrei war das weite Gebiet zwischen Schwarzem Meer und Ural. Ich verkündete, so gut ich konnte, die Trostbotschaft von Gott, taufte, segnete Ehen ein, spendete das Sakrament der Buße, feierte Eucharistie – meist des Nachts, um nicht entdeckt zu werden. Tagsüber fuhr ich weiter in ein anderes Dorf, wo ich katholische Deutsche wußte oder vermutete.

Und was ist Ihre Aufgabe jetzt als Bischof?

Mir wurde das asiatische Rußland anvertraut – das

weite Gebiet vom Ural bis zum Pazifik. Dort wohnen schätzungsweise 1 Million Menschen polnischer Abstammung und 600 000 deutscher Abstammung. Ich nehme an, daß die Polen alle und die Deutschen zur Hälfte katholisch sind. Hinzu kommen die vielen, vielen Fragenden, Suchenden, Verunsicherten, die bei mir anklopfen. Ich kann sie nicht abweisen. Denn der Hunger nach Sinn ist größer als der nach Brot. Ich begann mit drei Priestern. Jetzt habe ich sieben. Bald werden es zwanzig sein, dessen bin ich sicher.

Bischof Werth zeigte uns, daß Leidenmüssen Weg zu Gott sein kann. Ja, es ist, wie Ijob lehrt, der fromme Dulder, der Weg zu Gott schlechthin.

Bischof Werth ist kein Kirchenfürst. Er ist kein Manager. Er ist bescheidener Zeuge Gottes. Wer ihm begegnet, vergißt alles, was im Westen das Eigentliche der Kirche verdunkelt.

Das neue Haus war wohnlicher als das alte. Wir spürten es gar bald. Es spürten auch unsere Gäste, die wir zum Essen luden: Kollegen von anderen Botschaften, Ordensleute, Professoren, Prälaten, Bischöfe, manchmal gar ein Erzbischof.

Sie kamen gerne. Teils, um sich an den Speisen zu erfreuen, die Hanne bereitete. Oder an den Weinen, die ich kredenzte. Teils, um sich auszusprechen. Um noch einmal die Geschehnisse des Tages, des Monats, des Jahres Revue passieren zu lassen.

Die häusliche Atmosphäre und der Rotwein lockerten die Zungen. Alle Probleme fanden ihre Lösung – mit dem Mund. Doch wenigstens das. Und wenn sie nicht ihre Lösung fanden, die Probleme, so wurden sie doch zumindest als solche erkannt. Und als solche stehengelassen. Was schon ein Fortschritt war. Ein gewaltiger.

Nicht ständig, doch oft und immer wieder sprachen wir von der Kirche. Von dieser Kirche in Rom.

Darf man die Frage stellen, ob das die Kirche ist, die Jesus wollte?

Darf man weiterfragen nach den Gründen, die eine solche Frage aufkommen lassen?

Und wenn man diese Gründe findet, darf man sie dann nennen?

Merkwürdig. Alle sagten Ja, dreimal Ja. Und erläuterten ihr Ja.

Der eine – ein Professor für Kirchengeschichte: Die heiligen Schriften haben nicht verschwiegen, daß Judas seinen Herrn verriet. Auch nicht, daß Petrus ihn verleugnete. Und keine seriöse Geschichte der Kirche verschweigt ihr Versagen.

Der andere – Professor für Kirchenrecht: Wäre die Kirche nicht eine Gemeinschaft von Sündern, gäbe es kein Kirchenrecht. Jesus aber wollte eine Kirche, die Fehler macht; eine Kirche, die nicht jedem gefällt; eine Kirche, die Platz läßt für das, was noch kommt.

Der dritte – ein Bischof: Das Gefäß ist nicht der Schatz. Der Wegweiser ist nicht der Weg. Der, der verkündet, ist nicht der, den er verkündet.

Zum Schluß ein Franziskaner – auch er Professor, allerdings für Philosophie. Was er brachte, gehörte nicht ganz hierher. Er brachte es aber trotzdem. Es war ein Wort von Eichendorff:

Du bist's, der, was wir bauen,
Mild über uns zerbricht,
Daß wir den Himmel schauen –
Darum so klag ich nicht.

Er hatte in Deutschland studiert. Philosophie und Literatur. Und das war hängengeblieben.

Am Lago di Vico Blausterne, Traubenhyazinthen, Schneeglöckchen. In der Villa Adriana Anemonen, Veilchen, Immergrün. An den Wegen dorthin Löwenzahn, Gänseblümchen, wilde Calendula. Und in Rom selbst kunsthistorische Führungen durch das Deutsche Archäologische Institut, geistvolle Vorträge im Deutschen Historischen Institut, klassische Musik im Österreichischen Kulturinstitut.

Überall regt sich neues Leben. Hanne atmet auf. Der langerwartete Frühling ist da.

Ein Wort gab das andere. Das eine Wort: Sie trauen sich nicht. Das andere: Und ob.

Wer das eine Wort sprach, war der Rektor des Collegium Germanicum et Hungaricum. Wer das andere Wort sprach, war ich.

Der weitere Inhalt des ersten Wortes: Sie trauen sich nicht, die Sieben-Kirchen-Wallfahrt mitzumachen. Obwohl sie seit Jahrhunderten für jeden Rombesucher ein Muß ist. Auch Luther hat sie gemacht. Ignatius sowieso. Aber die unsere hat ihre Tücken. Das Ganze nicht in zwei Tagen durch idyllische Landschaften. Sondern in sechs Stunden durch Straßenstaub und

Autolärm. Und das letzte Stück von San Paolo nach San Pietro ist einfach tierisch. Ich warne Sie.

Der weitere Inhalt des zweiten Wortes: Jetzt erst recht.

Am 3. Fastensonntag um 6 Uhr früh standen wir vor dem Germanicum – Hanne und ich und noch viele andere: fromme Nonnen, der Botschafter und Frau und Sohn und Nichte (der erste deutsche Botschafter, der je diese Wallfahrt mitgemacht hat!), unser Geistlicher Botschaftsrat, Schwestern, Kusinen, Freunde der Germaniker – und diese selbst mit ihrem Rektor und ihrem Spiritual. Und obendrein ein Hund. Es war der Hund von ... Nein, ich sag es lieber nicht. Obwohl es ein schönes Tier war. Ein Rassehund. Sehen Sie. Mer san (zu hochdeutsch: Wir sind) halt katholisch. Das heißt: weltweit offen. Tiere inbegriffen. So sagte mir ein Germaniker bayerischer Nationalität. Zur Erklärung.

Statio – Innehalten zum Gebet – zunächst in der Hauskapelle des Germanicum. Dann in allen sieben Kirchen.

Wir zogen los. Langsam und getragen. Adagio sozusagen, ganz tranquillo. Wie eine Symphonie von Haydn. Die fängt auch gemächlich an. Es war ja schließlich früh am Morgen. *Santa Maria Maggiore*, unsere erste Stationskirche, war sogar noch zu. Penner schliefen auf der Treppe. Drum Statio im Freien.

In *San Lorenzo fuori le Mura*, einer der schönsten Kirchen Roms, Eucharistiefeier. Im Kreuzgang anschließend Frühstück. Als Agape gewissermaßen. Völlig unerwartet. Tat uns gut.

Und siehe da: es ging auch gleich andante weiter: *Santa Croce in Gerusalemme*, dort, wo auch der Kreuzesbalken des guten Schächers verehrt wird, nicht nur das Kreuz des Herrn, *San Giovanni in Laterano*, und dann hinaus ins Freie, vorbei an Stadttoren, Stadtmauern, Wasserleitungen aus der Römerzeit, begleitet von Vogelgesang und Frühlingsstimmung aus der Jetztzeit. Durch Wiesen und Felder: Bäume, sattes Grün, Horizont. Hin zu *San Sebastiano* an der Via Appia. Das war schon geradezu allegro, fast vivace, ma non troppo. Denn einmal aus der Stadt heraus, gab's keinen Grund mehr, nicht zu beten. Rosenkranz, Litanei, fromme Anwandlungen: wie gut, daß es Gemeinschaft gibt; einer allein findet kaum den rechten Weg; wie tröstlich, daß auch die Himmlischen uns begleiten: Santa Maria, San Lorenzo, San Sebastiano.

Von da aus aber con passo di marcha über die Straße, die tatsächlich Via delle Sette Chiese heißt – Weg der sieben Kirchen – zu *San Paolo fuori le Mura* und von dort zu *San Pietro in Vaticano*. Aber erst einmal dorthin gelangen. Über eine Stunde Fußmarsch noch von San Paolo. Nicht andante cantabile oder allegro grazioso oder so. Furioso war das. Über den Tiber, durch Trastevere, vorbei an Trödelmärkten. Und den Gianicolo hinauf. 276 Stufen. Zweihundertsechsundsiebzig. Die spanische Treppe ist nichts dagegen. Jetzt wußte ich, weshalb der Rektor dieses Stück Weges tierisch genannt hatte. Und weshalb sich in San Paolo einige davongeschlichen und den Bus genommen hatten. Wir aber nicht. Wir gehörten zu den Unentwegten. Und schafften es.

Blasen an den Füßen, Muskelkater, Seitenstiche. Doch ein Gefühl wie nach einer gewonnenen Fußballweltmeisterschaft. Mehr noch: als hätten wir den Mount Everest erklommen. Eine schier unbändige Lust, Postkarten zu schreiben und unseren Triumph hinauszujubeln in die weite Welt. Alle sollten es wissen: Wir haben gesiegt. Wir. Sind wir nicht toll? Auch dem Seiters hätte ich am liebsten geschrieben, dem Innenminister. Denn dem hatten wir's zu danken. Weil er zu spät zum Abendessen kam – es war am 8. Januar gewesen –, hatte der Rektor Zeit, mir zu sagen: Sie traun sich nicht – und ich, ihm zu antworten: Und ob!

Doch ach. Wir mußten weiter. Noch drei Kilometer. Und das in 25 Minuten. Ziel war nicht nur der Petersdom. Ziel war auch der Angelus, den der Papst allsonntäglich Punkt 12 Uhr betet. Darum presto. Prestissimo.

Wir schafften auch das. Viale delle Mura Gianicolense. Viale delle Mura Aurelie. Petersplatz.

Es öffnete sich gerade das Fenster der päpstlichen Bibliothek. Der Papst hielt eine kurze Ansprache, betete den Engel des Herrn, segnete die Menge – auch uns. Und die, an die wir dachten. Zum Beispiel die, denen wir keine Postkarte geschickt hatten.

Im Petersdom selbst, vor dem Apostelgrab, die letzte Statio. Lesung aus der Offenbarung (»Ich stehe vor der Tür und klopfe an«) – so wie die Germaniker das vorbereitet hatten. Kurze Meditation. Noch kürzeres Gebet. Aus.

Zu Hause angelangt, gönnten wir uns ein Eis. Wir hatten es verdient. Redlich.

Alle Jahre wieder sind wir erstaunt. Der Präsident des Päpstlichen Rats für den Dialog der Religionen schreibt uns einen Brief. Uns: das sind die Botschaften beim Heiligen Stuhl. Anlaß: Ende der Fastenzeit für die Moslems.

Der Präsident – ein Kardinal, natürlich – übersendet uns dann jeweils einen zweiten Brief, gerichtet an die geliebten mohammedanischen Brüder und Schwestern, unterzeichnet von ihm oder vom Papst persönlich, geschrieben aus eben dem genannten Anlaß. In englisch und arabisch. Der erste Brief enthält die Bitte, diesen zweiten Brief allen Mohammedanern auszuhändigen, die an unserer Botschaft tätig sind. Möglicherweise. Man kann ja nie wissen. Mit herzlichen Id-al-Fitr-Grüßen. Grüßen zum Ende des Ramadan.

Alle Jahre wieder reiben wir uns verwundert die Augen. Über die Tatsache und über den Inhalt. Der spricht von dem gemeinsamen Gott und Vater. Er bietet die Hand zu Frieden und Versöhnung. Und nennt konkrete Möglichkeiten zur Zusammenarbeit.

Wir tun mit diesem Schreiben, was jede andere Botschaft tut, der es an mohammedanischen Mitarbeitern mangelt. Wir sagen dankeschön, unterrichten unsere Regierung und schreiben den ganzen Vorgang z. d. A. – zu den Akten. Aber die Verwunderung bleibt. Und die Bewunderung. Ein bißchen jedenfalls.

Ein Kardinal ist wie ein Fürst. Er führt den Titel Eminenz. Er darf gekrönten Häuptern schreiben: Lieber Bruder. Er hat Anspruch auf die Ehren eines Prinzen von Geblüt.

Woher ich das weiß? Aus Büchern natürlich.

Aus dem Annuario Pontificio. Dort steht auf mehr als 2300 Seiten, was die Verfasser für wichtig halten an der Kirche und was in Wirklichkeit nur deren Schale ist.

Aus dem Lateranvertrag von 1929. Dort hat sich die Kirche das vom italienischen Staat noch einmal schriftlich geben lassen. In Artikel 21, Satz 1.

Und schließlich aus einem Buch von Raffalt. Dort steht, wie das konkret aussieht, oder besser: aussah. »Noch in den fünfziger Jahren galt in Rom für den Empfang eines Kardinals das Protokoll früherer Jahrhunderte. Seine Eminenz erschienen in Begleitung eines Kavaliers in spanischer Tracht. Am Eingang des Hauses hatten zwei befrackte Diener mit brennenden Kerzen zu stehen. Beim Eintritt wurde das Weihwasser gereicht, zum Ringkuß sank man in die Knie.«

Und ich weiß es von Kardinal I. Er trauert den alten Zeiten nach. Und kann es nicht verwinden, daß er obendrein nicht mehr wählen darf. In jeder Demokratie, so lamentierte er, darf man wählen, bis man stirbt. Als Kardinal nur, bis man 80 ist. Dabei ist das Privileg, den Papst zu wählen, die eigentliche raison d'être dieses erhabenen Kollegiums. Und das seit 800 Jahren. Papst Paul VI. hat es für Kardinäle über 80 abgeschafft.

Zwei Jahre nach dieser Untat wählte das Kardinalskollegium zu seinem Dekan einen, der schon neunzig war. Es war der Protest der Ohnmächtigen. Er ließ den Papst nur lächeln.

Ein Kardinal ist auch Kardinal L. Ihn traf ich. Ihn sprach ich. Ihm hörte ich zu.

Es stimmt, was Sie in dem Buch von Cornwell gelesen haben. Ich habe die Generalaudienzen des Papstes als Triumphalzirkus bezeichnet. Denn ich bin gegen jede Form von Triumphalismus.

Dieser beginnt damit, daß man nur noch sich selber sieht. Er führt dazu, daß man nur noch sich selber feiert. Er endet damit, daß man nur noch sich selber will.

Ich war überrascht, erstaunt, verwirrt. Und so etwas von einem Kardinal!

Hanna-Barbara Gerl machte den Vorschlag, Frauen zu Diakoninnen zu weihen. Mit der Vollmacht, das Sakrament der Krankensalbung und das der Buße zu spenden.

Ich leitete den Vorschlag dem Präfekten der Glaubenskongregation zu. Ich wußte, wie sehr er die Autorin schätzt. Er hatte es mir selbst gesagt. Und ich wußte auch, daß er die Zeitschrift nicht bezog, in der dieser Vorschlag stand.

Kommentar eines seiner engsten Mitarbeiter: Die Dame spinnt. Solche übertriebenen Forderungen lassen jeden Realitätssinn vermissen.

Ich leitete den Aufsatz, der diesen Vorschlag enthielt, einer mir bekannten Theologin in Deutschland zu. Ihr Kommentar: Die Dame spinnt. Wenn schon Gleichberechtigung, dann auch wirklich. Solche Forderungen lassen jeden Realitätssinn vermissen.

1870 verschwand der Kirchenstaat. Übrig blieb die römische Frage. 1929 fand sie ihre Antwort. Durch die Gründung des Staates der Vatikanstadt. So heißt er wörtlich. In einem Vertrag zwischen dem Heiligen Stuhl und dem Königreich Italien wurde genau festgelegt, wo er anfängt und wo er aufhört, dieser Ministaat. Nicht einmal einen halben Quadratkilometer ist er groß.

Und was die Italiener da womöglich noch zu suchen haben und was nicht, kann man nachlesen im Artikel 3, Absatz 2. Dort steht: Der Petersplatz gehört zum Vatikanstaat. Genau so wie der Petersdom. Klar. Aber: Die Organe der italienischen Behörden dürfen ihn betreten. Um für Ordnung zu sorgen. Am Fuße der Treppe zum Petersdom müssen sie jedoch Halt machen.

Das nutzen die Italiener weidlich aus. Polizisten lungern dort immer herum. Doch zweimal im Jahr marschieren Soldaten aller Waffengattungen auf. In ihren prächtigsten Uniformen. Ein Schönheitswettbewerb eigener Art. Eine Weide für die Augen. Und Schmalz für die Ohren. Denn Musikkapellen marschieren mit. Und lassen von sich hören. Die Schweizer Garde erblaßt vor Neid.

Zweimal im Jahr heißt konkret: zu Weihnachten und zu Ostern. Wenn der Papst in mehr als 50 Sprachen seinen Segen erteilt, urbi et orbi, der Stadt Rom und dem ganzen Erdkreis. Dann sind sie zur Stelle. Mit Marschmusik und wehenden Fahnen. Und ziehen nach dem Segen wieder ab.

Die Diplomaten und ihre Familien genießen dieses hehre Schauspiel von ihrer Loggia aus. Rechts oben hinter den Bernini-Statuen. Und sagen voll Bewunderung: Wie ist es schön, Soldat zu sein.

In diesem Jahr bewunderte ich noch mehr: den Herrn zu meiner Rechten. Den vor allem. Angestrengt hatte er den Segensworten des Papstes gelauscht. Als der Papst geendet hatte, atmete er hörbar auf. Ein entspanntes Lächeln verklärte seine Züge. Er strahlte. Sein Mund hauchte: Nike – gewonnen. Auf griechisch. War er doch der griechische Botschafter beim Heiligen Stuhl. Ich reichte ihm die Hand: Ich gratuliere. Da strahlte er noch mehr.

Was war geschehen? Kaum einer hatte es bemerkt. Der Papst hatte nämlich nur in 55 Sprachen seinen Segensgruß der Welt verkündet. Weihnachten waren es 56 gewesen. Da hatte er noch in einer weiteren Sprache urbi et orbi den Segen erteilt. Und zuvor noch gesagt, wie diese Sprache hieß: mazedonisch.

Was aber hatte den Papst bewogen, dieses Mal die 56. Sprache nicht zu benutzen? Oder wer hatte den Papst dazu bewogen? Niemand wußte es. Auch die Presse tappte im Dunkeln. Nur si dice, si pensa, si mormora, kurz: Spekulationen. Da fragte ich den griechischen Botschafter. Ich traf ihn einige Tage danach erneut. Er lächelte süffisant. Ganz einfach: Weil nicht sein kann, was nicht sein darf. Auch nicht für den Papst.

Bis vor kurzem war er Professor an der Päpstlichen Universität Gregoriana in Rom gewesen. Zeitweilig auch deren Rektor. Jetzt ist er zumeist in Wien. Schreibt Bücher, organisiert und leitet Kongresse, hält Vorträge. Auch in Böhmen und Mähren und in der Slowakei.

So erfuhr er von dem kirchlichen Leben in der Zeit der Unterdrückung. Als man sich darauf einstellte, daß dem Kommunismus Dauer beschieden sei. Und gezwungen war, Entscheidungen zu treffen, die das Überleben des Glaubens ermöglichen sollten. Und das, ohne in Rom nachfragen zu können, ganz auf sich gestellt, allein vor Gott und seinem Gewissen.

Damals wurden insgeheim Priester und Bischöfe geweiht, darunter auch Verheiratete. Unerkannt verdienten sie ihr Brot – als Taxifahrer, als Fabrikarbeiter, als Fensterputzer. Zugleich waren sie Seelsorger für die, die ihnen vertrauten und denen sie vertrauten – ständig in der Gefahr, ertappt und eingesperrt zu werden.

Meine Frage: Und was geschieht jetzt mit diesen verheirateten Priestern, die um des Evangeliums willen ihr Leben aufs Spiel gesetzt haben?

Seine Antwort: Ich fürchte, man degradiert sie zu Diakonen. Oder schiebt sie ab zu den Unierten in der Ost-Slowakei. Und kehrt ihre Erfahrungen unter den Teppich.

Er sagte es ohne Bitterkeit. Doch sein linkes Auge weinte.

In der Kapelle Redemptoris Mater war es. Im vom Papst bewohnten Flügel des Vatikan. Dort war eine ökumenische Mittagsandacht. Der Papst, der Präsident des Lutherischen Weltbundes Brakemeier und einige Gäste beteten gemeinsam.

Im Anschluß daran ging der Papst auf jeden einzelnen der Teilnehmer zu und begrüßte ihn. Mir sagte er – auf deutsch: Grüß Gott. Ich danke, daß Sie die deutsche Botschaft vertreten. Und daß Sie mit uns beten für die Einheit unserer Kirchen.

Laut sagte ich: Das tue ich gerne, Heiliger Vater. Doch insgeheim dachte ich: Er meint bestimmt, ich wäre evangelisch.

Der Papst fährt fort, hohe Besucher zu empfangen: Staatsoberhäupter, Minister, Kirchenführer. Unter den letzteren auch Erzbischof Carey von Canterbury, das geistliche Oberhaupt der Anglikanischen Kirche. Fast eine Woche hielt sich dieser in Italien auf. Er sprach nicht nur mit dem Papst. Und man sprach nicht nur über das Wetter. Vielmehr über die europäische Bischofssynode vom Dezember des letzten Jahres. Über die Umweltkonferenz von Rio, die bevorstand. Über die Priesterweihe von Frauen in der Anglikanischen Kirche. Man sprach auch über die Tätigkeit der Internationalen Anglikanisch-Katholischen Kommission. Und die für die Anglikaner enttäuschende römische Stellungnahme zu deren Abschlußbericht. Und die Möglichkeiten, den Dialog trotzdem fortzusetzen.

Fotos vom ökumenischen Gottesdienst in der anglikanischen Kirche in Rom, vom Händeschütteln mit dem Papst, von der freundschaftlichen Begrüßung durch den Präsidenten des Einheitsrats vermittelten ein Bild vollendeter Harmonie. Sie ließen die Frage vergessen, die die ganze Begegnung überschattete. Die Frage nämlich: Wollt ihr überhaupt die Einheit im Glauben –

oder verlangt ihr die Einheit in der Theologie? Erzbischof Carey hatte es glasklar zum Ausdruck gebracht: Sollen unsere Glaubensaussagen *consonant* sein – oder *identical*? So steht es in seiner schriftlichen Antwort auf die katholische Stellungnahme zu dem gemeinsamen Abschlußbericht.

Er hatte den Finger auf die Wunde gelegt. Diese Wunde ist tief. Sie schmerzt. Und brauchte nicht zu sein.

Sie schreiben Bücher gegen ihn, schwingen Reden, nennen ihn den Buhmann.

Doch wer schreibt ein Wort, das ihn verteidigt? Das die Lasten wiegt, die seine Schultern tragen? Das die Ängste nennt, die seine Seele quälen?

Es sind die Furchen, die sein Antlitz zeichnen. Die ihn bedrückt und alt erscheinen lassen. Sie sagen laut das Wort: Auch ich bin nur ein Mensch.

Doch an diesem Abend hellten sich die Züge auf. Die Furchen schwanden. Er strahlte geradezu. Und sagte dankerfüllt: Nicht nur Engel können musizieren. Auch Sie, Herr S., der Sie aus Wien gekommen sind, und Sie, Herr B. aus München, und nicht minder Sie, Herr U. aus Rom. Worauf B. zur Antwort gab: Und Sie werden sehen, Herr Kardinal, wenn Sie dort oben angekommen sind, die Engel werden nicht nur Mozart spielen oder Bach, so wie Karl Barth es meinte, sondern auch Beethoven, Schubert und Schumann, so wie wir es heute abend taten.

Das alles geschah anläßlich des 65. Geburtstages des einzigen deutschen Kurienkardinals. Der deutsche Botschafter beim Heiligen Stuhl hatte ihm zu Ehren zu einer musikalischen Soirée geladen, zu einer Serata Musicale. So stand es in fließendem Italienisch auf der Einladung.

Es war fast wie in alten Zeiten, wo ein Kardinal noch etwas galt. Kardinal I., der auch geladen war, wurde nicht müde, es festzustellen. Ganz verklärten Auges: zwei Polizisten in Galauniform vor der Tür; Fackeln, die den Weg markierten; Botschaftsräte, die die Ehrengäste zu ihren Ehrenplätzen geleiteten. Dazu ein Diner, serviert von Dienern in Livree, mit Weinen, die das Prädikat Jahrhundertwein verdienten. Die Festlichkeit hatte Charakter.

Dem also Geehrten standen Tränen der Rührung in den Augen. So hatte ich ihn noch nie gesehen. Beim Abschied wandte er sich mir zu: Lieber junger Freund, ich verrate Ihnen ein Geheimnis. Es ist schön, über Erwarten schön, 65 Jahre alt zu werden.

Rom war ihr Zuhause. Eine Stadt voller Abenteuer. Eine Stadt, in der es täglich Neues zu entdecken gab.

Sie wußte, wo die Liturgie der Osternacht am würdigsten und beglückendsten gefeiert wurde: in der Kirche der Jesuiten, Il Gesù. Und das in deutscher Sprache. Der Mund singt mit. Das Herz schwingt mit. Der ganze Mensch ist Alleluja.

Sie wußte, daß man den schönsten Blick auf das Leben und Treiben auf dem Campo de' Fiori von einem Balkon der Cancelleria aus hat, dem Sitz der Rota Romana, des Päpstlichen Ehegerichts. Und wie und über wen man dorthin gelangt.

Sie kannte auch die Stelle, an der der Obelisk vom Petersplatz zuerst gestanden hatte. Und schilderte uns lebhaft und mit vielen Gesten, wie Papst Sixtus ihn an seinem neuen Standort hatte aufstellen lassen: achthundert Arbeiter, gestärkt durch vorherige Pflichtkommunion, hundertfünfzig Pferde und sechsundvierzig Maschinen, allesamt mit Weihwasser besprengt. Sie alle waren zu diesem Zwecke aufgeboten. Weil er dreitausenddreihundert Zentner wog, der Obelisk.

Es gibt in Rom eine Kirche, die die deutsche Nationalkirche heißt: Santa Maria dell'Anima. Deutsche von früher fanden dort ihre letzte Ruhestätte. Einige. Darunter Hadrian, der letzte deutsche Papst. Der, der nicht konnte, was er wollte: die Kirchenspaltung verhindern. Und der resignierend feststellte: Was nützt des besten Mannes Edelmut, wenn die Zeit dagegen ist. So steht's auf seinem Grabstein.

Deutsche von heute treffen sich dort zum Gottesdienst. Und zum Schwätzchen danach. Einige. Darunter wir. Manchmal. Und sie.

Sie erzählte uns dann von ihren neuen Entdeckungen – begeistert und begeisternd: wo in Rom der schönste gregorianische Choral gesungen wird – wie in alten Zeiten; wie das war, als der Trevi-Brunnen wieder eingeweiht wurde – mit Musik und Tanz und Erinnerungen an Fellini; welches das nur Eingeweihten bekannte Lokal ist, in dem Nonnen servieren und Bischöfe gastieren.

Oder sie nahm uns mit und zeigte uns den Schlitz in der Bretterwand, mit der das Hauptgebäude der Sapienza-Universität seit Jahren umgeben ist, und durch den Schlitz die fast schon vergessenen steinernen Bücher, aus denen jahraus, jahrein die Weisheit sprudelt. Und führte uns dann zu dem Brunnen, der nur eine Schale ist, majestätisch, gewaltig, das köstliche Naß nach allen Seiten verteilend – und mit dem Naß die Kühle, die Ruhe, den Frieden – und das heute wie vor zweimal tausend Jahren.

Enden taten unsere Sonntagsvormittagsgänge durch das Centro Storico zumeist in Roms begehrtestem Eiscafé. 54 Sorten Eis. Mit anderen Worten: 24 804 – vierundzwanzigtausendachthundertvier – mögliche Dreierkombinationen Eis. Ich habe den Ehrgeiz, sie alle durchzuprobieren. So sagte sie und lachte schallend. Und fügte verschmitzt hinzu: für meinen Sohn, den vierjährigen. Um für ihn die beste Zusammenstellung herauszufinden. Und natürlich auch für Sie. Kosten Sie zum Beispiel mal die Kombination fünftausendsiebenhundertsiebzehn: Zitrone, Erdbeer, Pfirsich. Ist die nicht himmlisch? Das Nonplusultra an Eisschleckerei? Wir gaben ihr Recht. Und schleckten auch gleich die Kombination fünftausendsiebenhundertachtzehn: Zitrone, Erdbeer, Aprikose. Auch diese unübertrefflich. Ja, sagte sie, das ist auch die für meinen Sohn. Vorerst.

Im Sommer, wenn sie mit Mann und Kind in Urlaub fuhr – meistens nach Sardinien –, überließ sie uns die Ernte ihres Gartens. Wir plünderten die Bäume nach Herzenslust, beluden uns mit Pflaumen, Kirschen, ja Zitronen. Hanne war hingerissen. Ich war sprachlos. Fast noch mehr als angesichts der Dreierkombinationen Eis.

Doch dann kam der Tag des Abschiednehmens. Ihr Mann, Kollege an der anderen deutschen Botschaft Rom, der bei der italienischen Regierung, mußte zurück in die Heimat.

Wir fragten sie: Und was hat Ihnen am besten gefallen in Rom? Daß es hier so viele aufgeschlossene junge Geistliche gibt. Und daß ich einen guten Beichtvater gefunden habe, den besten meines Lebens. Da waren wir still, fast beschämt, und fragten nichts mehr.

Jetzt ist sie weg, und Rom ist ärmer geworden. So wie eine Blume ärmer wird, wenn niemand kommt, sie zu bewundern.

Am 17. Mai war es so weit. Der Gründer des Opus Dei wurde seliggesprochen. Viele hatten es erhofft. Viele hatten es befürchtet.

Vier Tage vorher erschien ein Artikel im Osservatore Romano. Verfasser: der Präfekt der Heilig- und Seligsprechungskongregation. Inhalt: Bei dieser Seligsprechung ist alles mit rechten Dingen zugegangen. In Rom sagte man dazu: Qui s' excuse, s' accuse. Wer sich entschuldigt, klagt sich an.

Das diplomatische Korps war eingeladen – wie zu jeder Heilig- und Seligsprechung. So konnte ich von dem erhöhten Parvis aus sehen: Petersplatz und Via della Conciliazione reichten nicht aus, die Massen der Pilger zu fassen.

Ich zählte die, die nicht gekommen waren, die von der Kurie, die hätten kommen müssen – wie zu jeder Seligsprechung. Ich sagte mir bei jedem, der nicht da war: Aha! Die Gründe erfuhr ich später. Sie waren zwingend. Auswärtige Verpflichtungen, seit Monaten eingegangen. Man kennt das.

Die, die gekommen waren, zählte ich nicht. Ihre Zahl fand ich am nächsten Tag in den Zeitungen: 200 000. Nur der Osservatore Romano, der sich für fast unfehlbar hält, meldete 300 000. Warum eigentlich?

Zu diesen Hunderttausenden gehörten auch einige Dutzend – oder waren es doch mehr als hundert, vielleicht sogar zweihundert oder gar dreihundert? –, die zu der zweiten Seligsprechung gekommen waren. Sie fand im Rahmen der gleichen Feier statt. Sie betraf Giuseppina Bakhita, eine sudanesische Sklavin. Ein italienischer Konsul hatte sie gekauft. Und mitgenommen nach Italien. Dort fand sie die Freiheit, den Glauben, die Heiligkeit.

In Rom wurde diese Seligsprechung – die erste – eifrig kommentiert. Noch ist man nicht so weit wie anderswo. Hier spricht man noch von dem, was der Papst vollführt. Oder, wie einige sagen: Was dem Papste zugemutet wird.

Und man sagte: Rom fest in der Hand des Opus Dei. Pilgerscharen wie noch nie. Eine Demonstration des Glaubens und der Macht. Nun wird wohl keiner mehr wagen, etwas gegen das Opus Dei zu sagen, nachdem der Papst so unzweideutig dafür Partei ergriffen hat. Oder: Hier sieht man wieder einmal die Weite der Katholischen Kirche. Auch auf diese Weise kann man zum Ziel gelangen.

Andere aber sagten: Es ist ein dunkler Schatten auf seinem Pontifikat, ein Schatten, der bleibt. Hat er doch jemanden seliggesprochen, der sogar Türen zugeknallt hat. Und nicht nur das.

Einer sagte gar – einer von denen, die geladen und nicht gekommen waren: Was an diesem Tage geschah, erschien mir ungeheuerlich. Ich bin zu den Schwestern in A. gefahren. Dort kamen mir die Tränen – wie Jesus vor dem Grab des Lazarus.

Die Tage nach der Seligsprechung waren angefüllt mit Dankgottesdiensten. 23 an der Zahl, davon 16 zelebriert von Kardinälen. Plakate, in der ganzen Stadt verteilt, luden dazu ein. Die erste Danksagungsmesse zelebriert am Tag danach vom Leiter des Opus Dei auf dem Parvis vor dem Petersdom, dort, wo sonst nur der Papst die Messe feiert. 100 000 nahmen daran teil.

Als die Tage der Aufregung, der Freude und der Trauer vorüber waren, nahm ich das Neue Testament zur Hand. Ich las Hanne daraus vor: Das Reich Gottes kommt nicht mit äußerem Gepränge. Es kommt auf leisen Sohlen. Wie ein Dieb in der Nacht. Ich schloß daraus in kindlicher Einfalt: Also ist am 17. Mai das Reich Gottes nicht zu uns gekommen.

Hanne korrigierte mich: Vielleicht doch. Durch Bakhita.

Der Kardinalstaatssekretär wollte nach Deutschland reisen. Der Bischof von Fulda hatte ihn eingeladen. Er aber wünschte, auch einen Vertreter der Bundesregierung zu sprechen. Immerhin ist er Regierungschef. Fast ein Bundeskanzler. Dem Range und der Stellung nach.

Da war die Mitarbeit der Botschaft gefragt. Ich begab mich zum Staatssekretariat. Sprach mit dem Monsignore, der dem Kardinalstaatssekretär eine Aufzeichnung machen sollte. Für die zu erwartenden Besprechungen in Deutschland. Deshalb hatte er mich zu sich gebeten.

Wir sprachen über das Konkordat. Über das Verhältnis Deutschlands zur Römischen Kirche. Ich wies auf gewisse Vorbehalte im deutschen Katholizismus hin, manifest geworden bei der Wahl des Erzbischofs von Köln. Doch nicht nur da.

Mein Gesprächspartner wischte das alles vom Tisch. Das ist halt der antirömische Affekt der Deutschen. Den hat es immer schon gegeben. Das darf man nicht so tragisch nehmen.

Ich war betroffen. Vor 450 Jahren, als Luthers Thesen gegen den Ablaßmißbrauch bekannt wurden, sagte man in Rom: Das ist halt Mönchsgezänk nördlich der Alpen. Das darf man nicht so tragisch nehmen.

Heute geht es um den Glauben selbst. Und da hört man: Das ist halt der antirömische Affekt der Deutschen. Das darf man nicht so tragisch nehmen.

Dabei ist der Monsignore, der mir das sagte, tüchtig, fleißig, wohlinformiert. Nur verbringt er sein Leben hinter den dicken Mauern des Vatikan.

Für einige Monate war das neue Dokument der Glaubenskongregation in aller Munde. Das über einige Aspekte der Kirche als communio, als Gemeinschaft. Man sprach darüber an der Kurie. Man sprach darüber bei denen, die mit der Kurie zu tun haben. Man sprach darüber bei uns zu Hause.

Meist plätschert das Gespräch nur so dahin. Ich

meine, bei unseren häuslichen Abendessenseinladungen. Sie sollen ja auch der Entspannung dienen. Diesmal aber wurde es fast ein theologisches Seminar. Was heißt hier schon Seminar! Ein Oberseminar war es. Jedenfalls war das Hannes Meinung.

Man klassifizierte das Dokument. Es sei vorkonziliar. Tendenz: Zurück zu Pius XII. Ja, zurück zu Pius IX., dem Papst des Ersten Vatikanischen Konzils. Und zu dem damaligen Kirchenverständnis. Man nannte es ultramontan, weil es den römischen Zentralismus betonte. Und Rom liegt nun einmal ultra montes – jenseits der Berge. Von Deutschland und von Frankreich aus gesehen.

Man stieß sich an einigen Aussagen. Daß das Amt des Petrusnachfolgers und die Gemeinschaft mit ihm wesentlich zum Kirchesein dazugehöre. Daß die orthodoxen Kirchen darum zwar Kirchen seien, aber in ihrem Kirchesein verwundete Kirchen – und die anderen kirchlichen Gemeinschaften, die des Westens, nicht einmal das.

Man bemängelte, daß die anderen Behörden der Kurie bei der Verabschiedung dieses Dokuments nicht beteiligt waren. Vor allem nicht der Rat für die christliche Einheit.

Professor G. von der Gregoriana fragte mich unverblümt: Haben Sie die Konzilstexte zur Hand? Ich hatte. Dann lesen Sie doch einmal vor aus dem Ökumenismus-Dekret. Was dort im Artikel 3 des ersten Kapitels steht. Über die von Rom getrennten Christen. Ich las: Sie sind durch den Glauben in der Taufe gerechtfertigt und dem Leibe Christi eingegliedert.

Und was steht da über die getrennten Kirchen und Gemeinschaften? Ich las auch das: Der Geist Christi hat sich gewürdigt, sie als Mittel des Heils zu gebrauchen.

Professor G.: Ist das denn nichts? Ja, ist das denn nicht alles? Und hatte Papst Johannes XXIII. nicht von der Rückkehr der Kirchen in ein gemeinsames Vaterhaus gesprochen, das auch der Römischen Kirche noch vorausliegt? Und hatte das Konzil sich nicht geweigert, die Kirche Christi einfach mit der Römisch-Katholischen Kirche zu identifizieren, vielmehr nur festgestellt, daß sie in der Katholischen Kirche – sprich: *auch* in der Katholischen Kirche – da ist: subsistit?

Professor G. faßte zusammen: Nach der Euphorie des Konzils ist das Pendel wieder zurückgeschlagen. Ganz normal und nicht weiter aufregend. Zudem in einem Dokument, das nicht von der ganzen Kurie getragen wird, nur von der Glaubenskongregation. Das uns aber waschkörbeweise Protestbriefe von evangelischer Seite eingebracht hat, ergänzte Pater Ivo schnell und scharf.

Als die Gäste das Haus verlassen hatten, zog es mich zu meinem Bücherschrank. Da stand es, das Buch, von dem keiner gesprochen hatte. Und doch beleuchtet es nicht nur einige, sondern alle Aspekte der Kirche als communio: ausführlich, herzerquickend, niemanden verletzend. Sein Titel: Katholizismus als Gemeinschaft. Sein Verfasser: Henri de Lubac.

Zu Essen einzuladen, gehört zu unserem Handwerkszeug. Doch ebenso, zu Essen eingeladen zu werden.

Und dabei unversehens neben diesem oder jenem zu sitzen. Zum Beispiel neben einem Mitglied der Heilig- und Seligsprechungskongregation.

Viel Arbeit?

Mehr als viel.

Was denn zur Zeit?

Eine Nonne aus Brasilien, ein Arzt aus Italien, ein Pater aus Polen. Es nimmt kein Ende.

Und Papst Johannes XXIII.?

Keine Zeit. Allein seine Tagebücher. Mehrere Zentner. Wann soll ich sie alle lesen. Einfach keine Zeit.

Ach so. Deshalb. Ich dachte schon immer weshalb.

Großes Gedränge. Strenge Eingangskontrolle. Zugelassen nur die mit vatikanischem Presseausweis. Und die mit guten Beziehungen. So konnte auch ich dabeisein. Bei der Pressekonferenz des Leiters der Glaubenskongregation. Einberufen, um den neuen Katechismus vorzustellen.

Der Kardinal zeigte voller Stolz das Werk. Frucht der Arbeit von sieben Jahren. Am Tage zuvor vom Papst approbiert. Urfassung in französisch. Authentische Übersetzungen später, in einigen Monaten. Der Kardinal erläuterte ausführlich Entstehungsgeschichte, Inhalt, Zweck.

Das war der Moment, wo ich aufstand und den Saal verließ. Ohne Türenschlagen und ohne Absingen häßlicher Lieder. Das Lied sang ich nur im Geiste. Es war auch nicht häßlich. Es war vielmehr schön, wunderschön. Wie ein Stück Himmel. Ganz anders als der Katechismus.

Der Kardinal hatte gesagt – wörtlich und auf italienisch: una risposta a tale sete di verità e di certezza – eine Antwort auf den Hunger nach Wahrheit und nach Sicherheit.

Das Lied, das ich im Geiste sang, lautete – wörtlich und auf spanisch:

Sin arrimo y con arrimo,
A oscuras y segura.
Ohne Stock und doch gestützt.
Ganz im Dunkeln, aber sicher.

Antwort auf die Sehnsucht unserer Herzen durch Lehrsätze und Moralvorschriften? Oder durch blindes Vertrauen darauf, daß es einen Jemand gibt, der mich versteht? Soll der Katechismus suggerieren, es bedürfe nicht des Sprungs ins Dunkle? Der Glaube sei nicht Ungewißheit und Wagnis, wie Peter Wust es formulierte? Man könne sich an Sätze klammern und den Sprung vermeiden? Ist das nicht, als habe Petrus ein Floß verlangt, bevor er den Weg übers Wasser hin zu Jesus wagte?

Am nächsten Tag stand die Rede des Kardinals im Osservatore Romano. Da las ich's genau. Balkenüberschrift: Der neue Katechismus – eine Anwort auf den Hunger des menschlichen Herzens. Ich erbleichte. Doch im Text die Rede des Kardinals wörtlich: Der neue Katechismus kann bei all seiner Unvollkommenheit und Begrenztheit doch eine Hilfe sein, die Antwort auf den Hunger unseres Herzens nach Sicherheit und Wahrheit zu finden.

Er kann. Eine Hilfe. Nicht die Antwort selbst. Ich war versöhnt.

Es war an einem Sonntagmorgen. Wir besuchten die Messe in San Lorenzo in Lucia. Jener Kirche, über deren Hochaltar die Kreuzigung von Guido Reni schwebt. Die hatte es uns angetan. Ihretwegen gingen wir dorthin.

Es wartete auf uns eine Überraschung. Den Gottesdienst feierte Kardinal L.: ohne bischöfliche Gewänder, ohne Assistenten, sogar ohne Weihrauch.

Schlicht wie sein Auftreten war auch seine Predigt: ruhig, aber eindringlich.

Er wies auf die vielen hin, die der Kirche den Rücken kehren. Die an ihr irre werden. Die die Trennung von ihr als Erleichterung empfinden, ja als Befreiung. Er erinnerte an Jesus. Viele hatten sich von ihm abgewandt. Sogar von ihm. Da fragte er die Zwölf: Wollt auch ihr mich verlassen?

Die Antwort gab ihm Petrus: Herr, wohin sollen wir gehen? Du hast Worte ewigen Lebens.

Kardinal L. folgerte: Das ist Aufgabe der Kirche. Nicht sich selber zu verkünden. Sondern die Worte des Petrus zu wiederholen. Auf den hinzuweisen, dessen Bild Sie hier über dem Altare sehen. Es ist das Bild von einem, der lebt. Und zu dem man hingehen und Du sagen kann. Und vor dem man die Worte des Petrus wiederholen kann: Herr, wohin soll ich gehen? Du allein hast Worte ewigen Lebens, Du!

So eine Predigt hatte ich in Rom noch nie gehört. Und so eine Interpretation des Gemäldes von Reni auch nicht.

Es war noch Nacht in Rom. Auf dem Petersplatz plätscherten die Brunnen. Sanft und verhalten. Wir schritten an ihnen vorbei. Unser Ziel war das Bronzetor. Es öffnete sich geräuschlos. Zwei Schweizersoldaten salutierten. Der Camerlengo schaute auf seine Liste. Ja, wir durften. Die guten Beziehungen zu Monsignore Stanislaw, dem Privatsekretär Seiner Heiligkeit, hatten es ermöglicht.

Über Treppen und Flure führte uns der Camerlengo zur päpstlichen Hauskapelle. Er hießt uns eintreten. Wir nahmen Platz.

Der Papst erschien: gebeugt, fast zitternd, doch wachen Blicks. Er feierte seine morgendliche Privatmesse. Wir feierten mit ihm.

Die Messe war vorbei. Wir wurden in einen Nebenraum geleitet. Dort betete der Papst. Er erhob sich, schritt auf uns zu, reichte uns die Hand. Grüß Gott, sagte er auf deutsch. Empfangen Sie zu diesem Ihrem Feiertage gute Wünsche für sich und für Ihre Familie.

So war der Papst der erste, der uns gratulierte, Hanne und mir.

War es doch unser 30. Hochzeitstag.

Alle Welt fragt mich: Was halten Sie vom Papst? Da fragte ich alle Welt: Was halten Sie vom Papst?

Ein Prälat: Er hat Humor. Bischof L. sagte er auf deutsch: Hoffentlich gibt das keine polnische Wirtschaft. Das war damals. Er hatte gerade einen neuen Chef der vatikanischen Finanzverwaltung ernannt, Erzbischof S., Sohn polnischer Eltern, in Chicago geboren.

Einer von der Heiligsprechungskongregation: Vor vierzehn Tagen waren wir bei ihm. Wir unterbreiteten ihm 14 Vorschläge für Heilig- und Seligsprechungen. Sein Auge leuchtete. Er war zu Scherzen aufgelegt. Es war nämlich ein Pole dabei.

Ein Bischof: Er ist anders als viele an der Kurie. Besser. Aufrichtiger. Er hat in Afrika die Schuld der Christen eingestanden und um Vergebung gebeten. Er hat auch in Lateinamerika die Schuld der Christen eingestanden und um Vergebung gebeten.

Ein Erzbischof: Sie können sich nicht vorstellen, wie das früher war. Bei Pius XII. mußten wir knien, wenn wir seine Anweisungen entgegennahmen. Einige Übereifrige knieten sogar, wenn sie mit ihm telefonierten. Bei Paul VI. durften wir wenigstens stehen. Doch der jetzige Papst lädt uns ein, doch Platz zu nehmen.

Ein Journalist: Sie ahnen ja nicht, wie sehr er die Herzen der Italiener gewonnen hat. Dadurch, daß er selber ankündigte, er müsse in die Klinik. Da spürten sie: Er ist ein Mensch wie wir. Und will es nicht verleugnen. Jetzt ist er wirklich unser Papst.

Leonardo Boff hat um Versetzung in den Laienstand gebeten. Ein hoher Kirchenführer wurde um seine Meinung dazu befragt. Er erklärte, es gebe unter vielen getreuen Aposteln immer einen, der den Herrn verlasse.

So wurde es von der Katholischen Nachrichtenagentur berichtet. Ohne Kommentar. Auch ohne nachträgliches Dementi. Es blieb einfach stehen. Und tat weh. Vielen. Und wie.

Wie anders war doch das, was Boffs Ordensgeneral bemerkte: Wir wollen Leonardos gute Impulse in Dankbarkeit und Respekt weiterleben, weitergeben und, wenn nötig, weiterentwickeln, in Treue zur Kirche und zu den Armen.

Weiß der hohe Kirchenführer – die Feder sträubt sich, seinen Namen zu nennen, – wirklich, wer den Herrn verrät und wer nicht? Sollte man das Urteil hierüber nicht lieber einem anderen überlassen? Dem, von dem Henri de Lubac schreibt: Novit Deus qui sunt eius?

Man lud mich ein, einen Vortrag zu halten. Ich wählte als Thema: Vatikanische Ostpolitik – eine Zwischenbilanz.

Erster Teil: Rasanter Fortschritt in den Beziehungen zu den Staaten des Ostens. Zweiter Teil.: Rasanter Rückschritt in den Beziehungen zu den Kirchen des Ostens.

Daß die Gründe für das eine zugleich die Gründe für das andere sind, sagte ich nicht. Ich fand's zu traurig.

Der neue litauische Botschafter übergab dem Papst sein Beglaubigungsschreiben. In seiner Ansprache dankte er dafür, daß der Papst den Freiheitswillen des litauischen Volkes gestärkt habe. Etwa durch die demonstrative Seligsprechung des litauischen Erzbischofs Matuleitis. Und das zur selben Stunde, in der auch in Wilna vom gesamten litauischen Episkopat ein feierlicher Gedenkgottesdienst zelebriert wurde. Oder durch die Begehung des 500. Todestages des heiligen Kasimir, des

Patrons von Litauen. Der Papst hatte hierzu nach Wilna reisen wollen. Das wurde ihm verwehrt. Da feierte er diesen Tag mit allem Pomp im Petersdom. Die Litauer feierten derweil in Wilna, wiederum zur selben Stunde. Und sie wußten: wir sind nicht allein.

Besucher jede Menge. Minister, Staatssekretäre und solche, die es werden wollen.

Der Minister bekam eine Polizeieskorte. Stand ihm ja auch zu. Diese eskortierte seine Fahrzeugkolonne. Minister fahren immer in Kolonne. Und das mit 120 Sachen: über Stock und über Stein, durch die Stadt und übers Land, bei Sonnenschein und Regen.

Der Regen war's. Der brach ihm das Genick. Nicht ihm, sondern zwei Kollegen von der Botschaft. Auch nicht das Genick. Nur die Rippen, dazu Gehirnerschütterung. Das reichte. Ihr Wagen, der vierte in der Kolonne, war ins Schleudern geraten. Wegen Regen und zu schneller Fahrt. Und schon war's passiert.

Fieberhafte Suche nach einem Krankenhaus. Allein, es war Sonntag. Darum sechsmal die gleiche Antwort: keine Zeit, keine Lust, kein Personal. Und Ausländer schon gar nicht. Doch beim siebten Mal: Wir sind ein American Hospital. Ausländer, die gut zahlen, nehmen wir mit Kußhand.

Der Minister zog daraus die Lehren. Er will Geschwindigkeitsbegrenzung auch für weiße Mäuse. Verbissen und vergeblich kämpft er für dieses hehre Ideal. Dieser Kampf ist sein Beruf. Ist er doch Verkehrsminister der Bundesrepublik Deutschland, und das hauptamtlich. Professor nur zur Zierde.

Staatssekretär W. traute keinem Flugzeug und keiner Eisenbahn. Erst recht keiner Polizeieskorte und keinen weißen Mäusen. Er setzte sich selbst ans Steuer. So sagte er mir am Telefon. Und fügte hinzu: Ich komme in Räuberzivil. Doch um 11 Uhr bin ich in der Botschaft. Zeit genug, mich umzuziehen und um 12 Uhr bei Kardinal E. zu sein.

Ich wartete. Es wurde 11, es wurde 11 Uhr 15, 11 Uhr 30, 11 Uhr 50, 12. Da rief ich den Kardinal an. Excusez-moi. (Er war Franzose.) Aber unser Ministre d'Etat hat sich verspätet. Vielleicht irgendwo im Stau steckengeblieben. 5 Minuten später rief der Kardinal zurück. Ihr Ministre d'Etat ist längst da. Er sitzt bei mir im Zimmer.

Ich flugs dahin. Monsieur le Ministre führte Konversation: dunkler Anzug, blütenweißes Hemd, dezente Krawatte. Ich war perplex.

Das Gespräch ging zu Ende. Wir verabschiedeten uns. Der Herr Staatssekretär alias Ministre d'Etat nahm mich an die Hand. Er führte mich in den Hof, zeigte mir einen Feigenbaum und wies auf die Mauer dahinter. Und hier, Herr Kollege, lassen Sie auf Staatskosten eine Plakette anbringen. Aus Bronze natürlich. Und darauf die Inschrift: An dieser Stelle vollzog Staatssekretär W. die Metamorphose vom Straßenräuber zum Ministre d'Etat, um würdig und standesgemäß vor seiner Eminenz, Herrn Kardinal E., zu erscheinen und so Deutschlands Ehre zu retten.

Ich schaute ihn fragend an. Da erläuterte er: Ich fuhr wie der Blitz – und geriet in einen Stau. Demo für ich-weiß-nicht-was. Vielleicht auch gegen ich-weiß-nicht-was. Ich entdeckte eine Nebenstraße, Einbahnstraße in verkehrter Richtung. Doch ich dachte: Jetzt oder nie. Wenn schon nicht pünktlich in der Botschaft, dann doch wenigstens pünktlich beim Kardinal. Ich fuhr diese und andere Einbahnstraßen falsch herum, über Bürgersteige und rote Ampeln, überholte rechts und links, verscheuchte Fußgänger und Vespafahrer – und war um 12 Uhr da. Ich zog mich um im Nu. Zwei Minuten nach 12 begrüßte ich den Kardinal, formvollendet und mit weißer Weste.

Deshalb: Vergessen Sie nicht die Plakette. Möglichst als Distichon. Und Text mir zur Genehmigung vorlegen.

Das Distichon war für mich ein Kinderspiel. Man nehme eine Zeile Hexameter, füge eine Zeile Pentameter hinzu, und schon ist das Opus fertig.

Acht Tage später hatte er seinen Text:

Hier, hinterm Baume der Feigen, in Vatikans heil'gen Gefilden,
Rettete – stehend im Hemd – Willibald Deutschlands Ehr.

Seine Anwort steht noch aus. Wahrscheinlich hat er jemanden in seinem Ministerium – es ist das für Bildung – beauftragt, das Distichon ins Lateinische zu übertragen. Damit nicht nur seine Heldentat, sondern auch die Erinnerung daran wahrhaft klassisch sei.

Die Besucher, die Minister oder Staatssekretäre werden wollten, waren noch Referendare. Sie stammten aus Freiburg und waren bescheiden. Sie wollten nicht zum

Papst. Sie wollten keine Gratisführung durch die vatikanischen Museen oder Gärten. Sie wollten nur wissen, was eine Botschaft beim Heiligen Stuhl soll und was sie tut.

Ich legte ihnen das dar, lang und breit und nicht einmal erschöpfend. Und merkte, daß sie das gar nicht interessierte. Da wandte ich mich ihnen zu: Haben Sie konkrete Fragen?

Sie kamen zögernd, aber sie kamen, die Fragen. Wie ist das mit den Finanzen des Vatikans? Warum reist der Papst so viel und weiht dabei die Kathedrale in Yamoussoukro ein, diesen Protzpalast? Warum gibt es in der Kirche keine Demokratie?

Und zuletzt, zögernd nur und erst beim Aufbrechen: Warum nimmt man uns nicht ernst? Warum gibt uns keiner Antwort? Warum stehen wir wie vor einer Wand?

Als die Referendare abgezogen waren, meditierte ich und schrieb ein Buch.

Ich meditierte: Manch einer mag den Pfirsisch nicht, weil die Schale runzlig, fleckig, bitter ist – und weil er nicht ahnt, daß die Schale wirklich nur Schale ist. Und daß der Saft, das weiche Fleisch, der Wohlgeschmack sich in ihrem Innern und nur dort verbirgt.

Mit dem Buch wollte ich auf das Innere verweisen, das Eigentliche, das Beste. Ich versuchte darzulegen, was die Schale nur zu oft vergessen läßt.

Der Osservatore Romano berichtete vom Katholikentag in Karlsruhe. Über 120 Kardinäle und Bischöfe waren da. Bischof A. sagte dieses, Bischof B. jenes und Bischof C. noch etwas anderes. Zehntausende hörten ihnen zu und spendeten Beifall.

Man hatte den Eindruck, es habe sich um eine Großkundgebung der Bischöfe gehandelt. Daß es auch eine Podiumsdiskussion Drewermann–Laurien gegeben hat, wurde nicht erwähnt. Nicht einmal, daß es sich um eine Veranstaltung katholischer Laien handelte. Von der Sonderveranstaltung eines Katholikentags von unten ganz zu schweigen. Dabei war er dieses Mal um einen ganz besonders schönen Farbtupfer bereichert: einen KatholikInnentag von unten.

Das Schisma in der Kirche, das Eugen Biser beklagt, ist offenbar total. Man hört nicht mehr aufeinander. Ja, man nimmt einander nicht einmal zur Kenntnis.

Besucher, die es möchten und die es auch verdienen, führe ich immer noch gerne zu der Gemeinschaft Sant' Egidio. Zu ihren Abendandachten. Zu ihren sozialen Einrichtungen. Das alles können unsere Besucher sehen und erleben. Das andere müssen sie hören.

Zum Beispiel, wenn ich anerkennend berichte von dem Ende des 16jährigen Bürgerkriegs in Mosambik. Eines Krieges mit einer Million Toten und eineinhalb Millionen Flüchtlingen. Niemand vermochte, dem Gemetzel ein Ende zu bereiten. Nicht einmal die katholischen Bischöfe des Landes, die sich jahrelang darum bemühten. Da schaltete sich die Gemeinschaft Sant' Egidio ein. Ihre Entwicklungs- uind Sozialhelfer waren in Mosambik tätig. Sie hatten Kontakte in jeder Richtung. Sie machten möglich, was unmöglich schien: die verfeindeten Parteien an den Verhandlungstisch zu bringen und ihre Führer sich die Hand reichen zu lassen. Hier in Rom, in den Räumen von Sant' Egidio. Dort geschah es. Und anschließend wurde hier im fernen Rom der 16 Jahre lang ersehnte Friedensvertrag unterzeichnet.

Zuerst Einladung auf offiziellen Kanälen: keine Antwort. Dann Einladung auf inoffiziellen Kanälen: keine Erlaubnis. Schließlich Einladung ohne Kanäle, in direktem Gespräch: kein Geld.

Da half das Auswärtige Amt. So schien möglich, was die Botschaft seit Jahren betrieben hatte: ein Kolloquium an der Päpstlichen Universität Gregoriana. Teilnehmer Katholiken, Protestanten, Orthodoxe. Deutsche, Österreicher, Russen. Fragende, Enttäuschte, Gesprächsbereite. Thema: Was tun? Wobei unterstellt, vorausgesetzt und dann doch wieder stundenlang erläutert und begründet werden sollte: Ja, auch Christen sollen, können, müssen was tun. Haben Verantwortung. Über die Kirchenmauern hinaus.

Doch als der langersehnte und gründlich vorbereitete Tag vor der Türe stand, traf nicht die russisch-orthodoxe Delegation ein, sondern ein Telegramm unserer Botschaft in Moskau. Patriarchat sagt Teilnahme ab. Aus klimatischen Gründen.

Wir sprachen über den Präfekten der Glaubenskongregation. Wenn man über jeden und alles spricht, warum dann nicht auch über diesen.

Die einen zählten einige seiner letzten öffentlichen

Äußerungen auf: Die Kirche muß die Rede von Gott wachhalten. Wir müssen uns der Skepsis der fragenden Menschen stellen. Bezüglich der Ökumene plädiere ich für Einheit durch Vielfalt.

Die anderen zählten die letzten Instruktionen seiner Behörde auf. Sie bissen sich fest an der über die Medien – die sozialen Kommunikationsmittel, wie es in dem Titel heißt. Und nannten sie einen Maulkorberlaß für Autoren und Verleger. Und fragten: Will er nur Ordnung schaffen? Will er alle an die kurze Leine nehmen? Hat er Angst vor dem freien Wort in der Kirche?

Und sie beantworteten ihre letzte Frage selbst: Ja, er hat.

Die Generalsynode der Anglikanischen Kirche hat sich für die Priesterweihe von Frauen entschieden. Unverzügliches Statement des vatikanischen Pressesprechers: So etwas kommt für die Katholische Kirche nicht in Frage.

Er konnte nur hinweisen auf das, was heute gilt. Besser: Welches der heutige Diskussionsstand an der Kurie ist. Festgehalten in einer Erkärung der Glaubenskongregation aus dem Jahre 1976.

Vor fast 2000 Jahren sagten ganz Eifrige: Nur Juden waren im Abendmahlssaal, und nur Juden wurden von Jesus zu Aposteln berufen. Deshab dürfen nur Juden Nachfolger der Apostel sein.

Heute sagen ganz Eifrige: Nur Männer waren im Abendmahlssaal, und nur Männer wurden von Jesus zu Aposteln berufen. Deshalb dürfen nur Männer Nachfolger der Apostel sein.

Doch Paulus sagte: Für uns spielt es keine Rolle, ob einer Jude ist oder Heide – und legte einem Heiden die Hände auf, um ihn zum Apostelnachfolger zu weihen. Und Paulus sagte weiter: Für uns spielt es keine Rolle, ob einer Mann ist oder Frau. Deshalb folgerte Edith Stein – immerhin von Papst Johannes Paul II. selig gesprochen –, sie sähe keinen theologischen Grund, der einer Priesterweihe der Frau im Wege stände.

Andere sagen es ihr nach. Und warten voller Zuversicht darauf, daß auch die Katholische Kirche den befreienden Entschluß faßt, mit dem ihr die Anglikaner vorausgegangen sind.

Einige Monate nach seiner Billigung durch den Papst liegt der neue Katechismus der Katholischen Kirche nunmehr gedruckt vor. In mehreren Sprachen. Erneute Pressekonferenz des Präfekten der Glaubenskongregation. Rundfunkinterview des Redaktors. (Übrigens gut.) Verteilung der ersten Exemplare durch den Papst persönlich. In der Sala Regia. Im Beisein des diplomatischen Korps. Empfänger ausgewählte Vertreter aus allen Kontinenten.

Bewundernswerte Symphonie des Glaubens. Antwort auf die Fragen der Gegenwart. Mutiger Schritt ins dritte Jahrtausend.

Tagelang, nein, wochenlang ist Rom erfüllt von Selbstbeweihräucherung auf der einen und Lobhudelei auf der anderen Seite. Es trieft nur so. Peinlich, peinlich, peinlich. Ob die, die so reden und schreiben, tatsächlich meinen, sie könnten den lieben Gott jetzt schwarz auf weiß nach Hause tragen?

Ad-limina-Besuche der deutschen Bischöfe. Besuche bei den Gräbern der Apostel. Konkret: beim Papst und bei der Kurie. Alle fünf Jahre fällig. In den letzten Wochen dieses Jahres kamen sie.

Einige wollten sich Rat holen. Andere wollten Rat geben. Wieder andere wollten sich der herkulischen Aufgabe unterziehen, in Rom etwas zu bewegen. Und dem Papst zu sagen: Heiliger Vater, so geht's nicht weiter. Es ist etwas faul in der Kirche selbst.

Sie alle kehrten zurück in dem (bei Lukas 17 nachzulesenden) ernüchternden Wissen: Wir sind unnütze Knechte. Wir haben nur unsere Pflicht getan.

Unerwartet erschien Mela, ein alter Schulfreund, jetzt Professor. Hast du ein Bild vom Papst? Ich reichte ihm eins aus dem Vorjahr. Er las:

Die Bischofssynode über die Priesterbildung beschäftigt den Papst sehr. Seine heutige Ansprache bezeichnete die Hinführung zum Gehorsam als ihr Ziel: Gehorsam gegen den Papst, Gehorsam gegen den Bischof, Gehorsam gegen die kirchlichen Oberen. 16 Sätze umfaßte die kleine Ansprache. 14mal fiel das Wort Gehorsam. Es wurde umrahmt von Ausdrücken wie Unterwerfung unter die Autorität, Hingabe des eigenen Willens oder sich zur Verfügung stellen. Gleich die ersten drei Sätze enthielten das Wort Gehorsam viermal, in den letzten drei Sätzen erklang es fünfmal, und das letzte Wort hieß: Gehorsam. Allein darum ging es; dieses Wort sollte im Gedächtnis haften bleiben. Das war die Speerspitze.

Melas Kommentar: Die Gründe verstehe ich. Aber ich sehe auch die Gefahr: tensus rumpitur arcus. Allzu straff gespannt zerbricht der Bogen. Vielleicht ist es das, was wir erleben.

Wenn Weihnachten naht, verteilt die Botschaft Geschenke: ein schönes Buch, Lebkuchen, auch mal ein Fläschchen Wein. Manche machen wir glücklich damit. Manchen fallen wir lästig. Manche danken uns. Am dankbarsten sind die, die kein Amt mehr bekleiden. Sie spüren: wir tun es ohne Hintergedanken. Oder die Schaffner in dem altmodischen Fahrstuhl, der vom Cortile San Damaso zum Päpstlichen Staatssekretariat führt. Sie spüren: Auch wir sind wer. Nicht nur eine Nummer.

Meistens lassen wir die Geschenke ausfahren. Doch bisweilen überbringen wir sie persönlich. Zum Beispiel, wenn der zu Beschenkende ein Kardinal ist.

Ich überbrachte das ihm zugedachte Präsent Kardinal L. Und lauschte seinen Worten. Sie waren sein Geschenk an mich.

Dieses Jahr hat Sie manches erfahren lassen, Erfreuliches, aber auch Unerfreuliches. Viele Christen empfinden die Kirche als Last. Sie suchen außerhalb von ihr die Freiheit. Und in der Kirche drängen die nach vorn, die ihren Hauptzweck in der Disziplinierung ihrer Anhänger sehen.

Lassen Sie sich dadurch nicht beirren. Jesu Botschaft lautet: Freuet euch und jubelt! Ein anderes Evangelium wäre nicht das seine.

Abschied von Rom

Merkwürdig. Die letzten Monate ließen uns Rom und den Hof des Papstes – die Kurie – in immer rosigerem Licht erscheinen. Abnehmende Distanz? Wachsendes Verständnis? Solidarität der Unvollkommenen?

1. Januar. Seit 26 Jahren Weltfriedenstag. Papst Paul VI. hat ihn eingeführt. Kaum einer weiß es. Seit 26 Jahren Anlaß für eine päpstliche Botschaft des Friedens. Kaum einer beherzigt sie. Dabei ist sie beherzigenswert. Sollte es jedenfalls sein.

Thema dieses Jahres: Wenn du den Frieden willst, gehe dem Armen entgegen – dem einzelnen und den in Armut dahinvegetierenden Völkern. Gehe nicht achtlos an ihnen vorbei. Erlaß ihnen die Schulden. Lerne, zu verzichten und zu teilen.

Themen vergangener Jahre: Um Frieden zu schaffen, Minderheiten achten. Wenn du den Frieden willst, respektiere das Gewissen eines jeden. Religionsfreiheit – Bedingung für friedliches Zusammenleben.

Wir erhalten sie jeweils fein säuberlich gedruckt. Per Verbalnote vom Päpstlichen Staatssekretariat. Für uns in deutscher Sprache. Wir unterrichten brav die Bundesregierung. Der Bundeskanzler dankt artig. Und die

Botschaft verschwindet in einem großen Aktenschrank. So fürchten wir. Bis mal einer unserer Politiker eine große Rede hält. Und treffende Zitate braucht. Und auf diese Botschaft stößt. Oder gestoßen wird.

Neujahrsempfang und Neujahrsansprache des Papstes. Für das diplomatische Korps. In der Sala Regia. Wie üblich. Doch wir vergaßen die Holzstühle für die Damen und die gepolsterten Sitze für die Herren. Denn die Sala Regia war nicht mehr das, was sie früher war. In unserem Bewußtsein jedenfalls. Sie war jetzt der Ort, an dem der Papst öffentlich Galileo Galilei rehabilitiert hatte. Indem er bekannte, daß es ein Irrtum gewesen war, ihn zum Widerruf zu zwingen. Der Papst hatte dieses Bekenntnis abgelegt im Rahmen einer feierlichen Sitzung der Päpstlichen Akademie der Wissenschaften. Im Beisein der beim Heiligen Stuhl akkreditierten Botschafter. Damit sie Zeuge dieses historischen Ereignisses würden. Das hatte die Sala Regia geadelt.

Wo es brennt, ist er zur Stelle. Wo niemand hinkommt, ist er längst gewesen. Was andere meiden wie die Pest, zieht ihn magisch an.

Er war als erster in Vietnam. Er brachte das Eis zum Schmelzen und das Gespräch in Gang – das Gespräch, an dessen Ende die Erlaubnis zur Einsetzung von drei neuen Bischöfen und zur Weihe von 40 Priestern stand.

Er war in Burma, das sich hermetisch von der Außenwelt abgeschlossen hat. Dem armen Häuflein der Katholiken überbrachte er die Grüße und den Segen des Papstes. Sie weinten vor Freude.

Im Sudan wurde er zum Zeugen der Not der bedrängten und verhungernden Christen. Er versicherte ihnen: Ihr seid nicht vergessen. Ihr seid nicht allein. Ihr seid nicht abgeschrieben. Ein Jahr später flog der Papst selbst in die sudanesische Hauptstadt.

In Ankara eröffnete er das erste gemeinsame islamisch-christliche Seminar über Religion als Aufforderung zu sozialem Engagement.

In Sarajewo war er, als die Bomben fielen. Unter dem Donnern der Kanonen feierte er mit den Verängstigten die Messe. Er sprach mit den religiösen Führern der Moslems, der Orthodoxen und der Katholiken. Er betete an den Gräbern der Ermordeten.

In Rom ist er es, der die Friedensbotschaften des Papstes vorbereitet und in gutbesuchten Pressekonferenzen erläutert. Und ebenso die Äußerungen des Papstes, die den Umweltschutz, die soziale Frage, die Not der Welt betreffen.

Er war es auch, der das Gebetstreffen in Assisi vorbereitete. Nicht er allein. Doch er war die treibende Kraft. Vertreter aller Konfessionen und Religionen in Europa wurden eingeladen, dort an der Seite des Papstes für den Frieden zu beten. On ne prie pas ensemble. On est ensemble pour prier. So sagte er in fast jesuitischer Spitzfindigkeit. Damit nicht jemand käme und den Papst des Synkretismus bezichtigte.

Gäste aus Deutschland – Minister, Staatssekretäre, Bundestagsabgeordnete – sind angetan von seinem Wissen, seinem Engagement, seinem Charme. Und sagen voll Bewunderung: Solang die Kirche solche Leute hat, ist sie der Zukunft sicher.

Er ist Kardinal. Die Franzosen sind stolz auf ihren Landsmann.

Hat man Fragen zur Lage der Christen in China, so weiß er sie zu beantworten. Erkundigt man sich nach den Möglichkeiten zum priesterlichen Wirken in mohammedanischen Ländern, so ist er auf dem Laufenden. Will man wissen, wie es in Rußland weitergeht, so gibt er Bescheid.

Ihm geht es um die Kirche: ihre Existenz, ihre Sicherheit, ihr Weiterleben. Kommt es zu Regierungsverhandlungen, so führt er sie mit Geschick und Erfolg. Gibt es Probleme in der KSZE, so weiß er sie zu lösen. Von sich aus lädt er die Botschafter, die es angeht, ein, um sie zu unterrichten: über den Stand der Verhandlungen mit Vietnam, über die Aussichten der Gespräche mit Israel, über die Situation der Verfolgten in aller Welt.

Bittet man um einen Termin, so hat er immer Zeit. Sucht man ihn dann auf, ist man erstaunt über sein umfassendes Wissen, über sein gewinnendes Äußere, über seine Bereitschaft zuzuhören.

Denn auch das ist ihm gegeben: sich belehren zu lassen, Hilfe anzunehmen, ja auch um Hilfe zu bitten – in aller Bescheidenheit.

Er ist die Nummer 2 in der Sektion für die Beziehungen mit den Staaten, und doch nur einer von vielen. Denn auch die anderen, die wie er im Päpstlichen Staatssekretariat päpstliche Politik betreiben, sind umfassend informiert, selbstlos engagiert, voller Eifer bemüht, der Kirche den notwendigen Freiheitsraum zu verschaffen oder zu erhalten. Und denen Fürsprecher zu sein, die sonst keinen Fürsprecher haben.

Er kennt die Geschichte. Er kennt die Theologie. Er kennt die Geschichtlichkeit der Theologie. Er ist der richtige Mann am richtigen Platz: kenntnisreich, aufgeschlossen, voller Schwung und ansteckender Freude.

Sei es in Genf, sei es in Madras, sei es in Rom: bei allen offiziellen Gesprächen der Katholischen Kirche mit den Kirchen der Reformation ist er zur Stelle.

An den Jahressitzungen des Lutherischen Weltbundes nimmt er als Beobachter teil. In der Kathedrale von Uppsala, vor dem Rat der schwedischen Kirche in Stockholm, an der Universität von Helsinki hält er Vorträge über Luther und die Ökumene. In Eisenach feiert er gemeinsam mit dem Leiter des Päpstlichen Rats für die Einheit der Christen und den Leitern des Lutherischen Weltbundes den 25. Jahrestag des Beginns der offiziellen Gespräche zwischen Lutheranern und Katholiken – nach 400 Jahren des Mißtrauens, der Verdächtigungen, der Vorurteile – und rühmt in einer anschließenden Pressekonferenz das wachsende Sichverstehen über so zentrale Fragen wie die der Rechtfertigung, der Eucharistie, der Kirche.

Dem Papst bereitet er die Reden vor für seine Begegnungen mit Lutheranern, Refomierten, Anglikanern. Besuchern, die ein Stagnieren der Gespräche befürchten, pflegt er Mut zu machen. Opportune, importune geht er mit wachsendem Erfolg seinen Weg, den Weg der Geduld, der Hoffnung und der Zuversicht – hin zu dem Ziel, das der Herr seiner Kirche aufgetragen hat: ut omnes unum sint.

Wenn der Papst wohlinformiert ist, ist es sein Verdienst. Wenn der Papst etwas Treffendes verliest, spürt man seine Handschrift. Wenn der Papst am Tag der deutschen Einheit dem deutschen Volk Glück und Segen wünscht und zwei deutsche Fernsehanstalten das live übertragen, ist es sein Werk.

Er sorgt dafür, daß seine Länder Mitarbeiter an die Kurie entsenden. Er wacht darüber, daß Schreiben aus seinen Ländern gelesen und beantwortet werden. Er versteht es, zuzuhören und das Gehörte zu respektieren.

Wenn an der Kurie gelacht wird, ist er dabei. Wenn die neuesten Buchveröffentlichungen diskutiert werden, kennt er schon die allerneuesten. Wenn an der Kurie etwas schlecht gemacht wird, halb oder gar nicht, ist er bereit, es zuzugeben.

In den Ferien holt er sich Kraft auf dem elterlichen Hof. Dieser steht dort, wo schon vor mehr als tausend Jahren der Glaube Wurzeln trieb. Und wo noch heute der Glaube zum Leben gehört wie die Nacht zum Tag.

Er ist der Vater seiner Ordensfamilie. General nur dem Namen nach. Wie ein Vater besucht er seine Kinder in aller Welt – in Brasilien so gut wie in Polen, in Indonesien so gut wie in Weißrußland und der Ukraine, in Spanien so gut wie in Indien. Man sagt, das seien Visitationsreisen, wie sie die Ordensregel vorschreibt. In Wirklichkeit kommt nicht der Kontrolleur, sondern der Freund: einer, der zuhört, dem man sein Herz ausschütten kann, bei dem man sich verstanden und geborgen fühlt. Und er schenkt seinen Rat, sein tröstendes Wort, seinen Segen.

Wenn er in Rom ist, erledigt er zunächst, was man ihm als Reisegepäck mitgegeben hat. Und während er sich schon für seine nächste Reise rüstet, fährt er fort, brieflich – zur Not auch telefonisch – Seelsorger seiner Seelsorger zu sein.

Und zugleich ist er da für die, die in Rom auf seinen Rat und seine Hilfe warten, weil sie ihrer bedürfen: andere Ordensgeneräle, Vertreter der Kurie, Beichtkinder. Die vor allen Dingen. Ihnen allen ist er verständnisvoller, gütiger, väterlicher Freund.

Wir wußten, daß uns nur noch wenige Wochen beschieden waren. Darum sogen wir mit vollen Zügen ein, was nur Rom uns bieten konnte.

Wir spazierten über die Via Appia. Beschnupperten den Zirkus des Maxentius. Sahen im Geiste den Obelisken, der nicht mehr da ist. Hörten das Getrappel der Pferde, das Knattern der Wagen, das Tosen der Menge. Und befanden uns doch inmitten satter Wiesen, die uns wie ein Teppich erschienen, gewoben aus Margeriten, Klatschmohn, Kornblumen und duftendem Gras.

Und vergaßen darob das Schicksal des Maxentius. Drei Jahre nachdem er diese Spiele eingerichtet hatte, um sich und das Volk den Tod seines Sohnes Romulus vergessen zu lassen, war er selber tot. Geschlagen von seinem Nebenkaiser Konstantin. Droben an der Milvischen Brücke.

Hanne liebt den Ort, wo Faustulus, der Hirt, Romulus und Remus fand, die Zwillinge. Heute sieht man dort die Kirche San Giorgio in Velabro, den Janus-Bogen, unter dem einst die Geldwechsler Gewinne machten, den Tempel der Fortuna und den anderen der Vesta – ein Rundtempel ist's, von 20 korinthischen Marmorsäulen umstanden –, den Brunnen, den zwei Fabelwesen tragen, die Kirche Santa Maria in Cosmedin, erbaut, wo der Altar des Herkules stand, der den Rinderhirten heilig war, geziert mit einem siebengeschossigen Glockenturm. Hier glaubt Hanne, was sie gelesen hat: Rom sei eine Fülle von Schönheit, Geschichte und Charme – besonders bei Sonnenschein.

Wir besuchten diesen Ort, gingen von dort aus zu unserem Platz, den keiner weiß und keiner findet, nur wir, und von dem aus man den schönsten Blick auf das Forum Romanum hat, einst Mittelpunkt der Welt.

Dann schlenderten wir durch das Centro Storico: Piazza Navona, Pantheon, Via Condotti, Spanische Treppe. In der Abenddämmerung erlebten wir den Petersplatz. Über uns die Sichel des Mondes, neben uns die Brunnen, die Conrad Ferdinand Meyer sein Gedicht entlockten, in uns die Versuchung, stehen zu bleiben und nicht weiterzugehen.

Am nächsten Tag noch einmal zu Berninis Teresa, in der Kirche Santa Maria della Vittoria, von Bernini für sein Meisterwerk gehalten, von Hanne als verspielt empfunden, ja gekünstelt, von mir geschätzt.

Und am übernächsten Tag eine Wallfahrt auf unsere Art: zu den Gräbern der heiligen Monika, die ihren mißratenen Sohn auf den Pfad der Tugend zurückgeweint hatte; der heiligen Katharina, die ohne kirchlichen Auftrag den Papst von Avignon zurückgeholt hatte; des heiligen Ignatius, der zu seinen Söhnen einen Franziskus Xaverius, einen Friedrich Spee, einen Karl Rahner zählen darf.

Danach ein Fest. Uns war's, als wär's ein Fest für uns.

Alle dreißig Jahre einmal öffnen sich nämlich die Tore zu den Gärten des Kaisers Domitian – jetzt Teil des päpstlichen Sommerpalastes in Castelgandolfo. Die Mitglieder des beim Heiligen Stuhl akkreditierten diplomatischen Korps und ihre Gesprächspartner vom Päpstlichen Staatssekretariat dürfen sich vier Stunden lang darin ergehen: Blumen, Bäume, Rasenflächen; Säulen, Skulpturen, Mosaike aus der Römerzeit; Spuren des alten Theaters, der Kaiserhalle, eines Tempels; künstliche Seen, Wasserrosen, Wasserspiele; belebender Duft von Minze, Thymian, Holunder. Versailles muß dagegen verblassen. Auch die Pracht der vatikanischen Gärten in Rom.

Dem Geschenk für Auge und Nase folgte als Krönung das für den Gaumen. Wir zählten zehn Gänge, die drei Nachtische inbegriffen. Dazu diverse Weine, Sekt und Amaro. Und eine Tischrede Seiner Eminenz, des Herrn Kardinalstaatssekretärs, die Zeiten des Kaisers Domitian evozierend, mit dessen Tafelfreuden selbst Jupiter, der Göttervater, gerne getauscht hätte.

Hannes Kommentar: Fürwahr, das Heidentum ist

noch nicht tot. Doch nach einer kleinen Pause: Die armen Hunde vom Vatikan haben ja auch sonst nichts vom Leben. Auch sie sollen sich einmal satt essen und frische Luft genießen können. Außerdem wollen, ja müssen sie sich revanchieren für all die Einladungen, die im Laufe des Jahres an sie ergehen. Tut jede Regierung, und tut jede Botschaft auch.

Mein slowakischer Kollege, der am gleichen Tisch saß wie wir, lächelte verschmitzt: Alles nur, damit Sie Rom und den Vatikan in guter Erinnerung behalten. Und vielleicht auch meine Frau und mich.

Jetzt hieß es Abschied nehmen. Der Botschafter gab einen großen Empfang. Wir ein kleines Essen. Für die, die uns zu Freunden wurden.

Kardinäle waren weder zum Empfang noch zum Essen eingeladen. Aus Gründen des Protokolls. Ihnen machte ich Abschiedsbesuche.

Der Kardinalstaatssekretär überreichte mir – ließ mir überreichen – den Gregorius-Orden. Jenen Orden, der mir fortan erlaubt, zu Pferde in Sankt Peter einzuziehen und in päpstlichen Gewässern zu fischen.

Kardinal A.: Der neue Katechismus ist ein Segen. Er wird viele mit Rom aussöhnen. Die, die dem Konzil Bruch mit der Tradition vorwerfen.

Kardinal R. schenkte mir sein neuestes Buch. Mit persönlicher Widmung. Eine wahre Fundgrube. Ich las den Satz: Die Kirche muß den Mut zum Leben nach dem Gewissen geben. Und den anderen von der himmlischen Güte, die jedem einzelnen zugewandt und stärker ist als unser Versagen. Als Antwort auf die Frage, ob es sich lohnt, ein Mensch zu sein. Und schließlich: Liebesfähigkeit heißt, auf das Unverfügbare in Geduld zu warten. Ich war erstaunt, beglückt und dankbar.

Kardinal L. lud Hanne und mich zu einer Tasse Tee. In seine bescheidene Zwei-Zimmer-Wohnung.

Es entspann sich ein längeres Gespräch. Er interpretierte unseren Rom-Aufenthalt. Wir pflichteten ihm bei.

Zuerst erscheint Rom überwältigend, entzückend, faszinierend. Es ist, als ginge man die *Via Trionfale*.

Doch dann erfährt man Dinge, die nicht jeder erfährt. Es kommen die Zweifel, das des-engaño, wie die Spanier sagen, die Ent-Täuschung, ja die Irritation. Es ist, als ginge man die *Via del Sudario* – den Weg des Leidens, auf dem auch Jesus das Schweißtuch der Veronika mit Dank entgegennahm.

Schließlich aber wird einem bewußt, daß die Kirche so menschlich ist – das, was man von ihr sieht. Eben weil sie aus Sündern besteht. In Rom so gut wie anderswo. Das macht sie sympathisch. Ja, eben das macht sie katholisch. Denn katholisch ist das »und«: göttlich und menschlich, heilig und sündig, sich erneuernd und beharrend. Das zu entdecken, versöhnt. Es ist, als ginge man die *Via della Conciliazione*.

Berichten Sie, was Sie erlebt haben. Auch das, was einige gern vertuschen möchten. Denn wie soll man Wunden heilen, wenn man sie versteckt? Wie soll man zu der »perennis reformatio« beitragen, wenn man nicht hinweist auf das, was es zu reformieren gibt? Und wie soll man zur Wahrheit führen, wenn man sie nicht sagt?

Sie kennen das Wort des Präfekten der Glaubenskongregation: Aufgabe der Kirche ist es, die Frage nach Gott wachzuhalten. Eben das tut sie nicht zuletzt durch das, was bei vielen Ärgernis erregt. Dieses zeigt: Die Kirche selbst ist die letzte Antwort nicht. Die Frage nach der letzten, alles erfüllenden Antwort bleibt wach. Wachgehalten durch das Versagen der Kirche.

Und vergessen Sie nicht: Der Herr liebt diese Kirche so, wie sie ist. Er hat das Schwache erwählt, um das Starke zu beschämen. Er ist ein Freund der Zöllner und der Sünder.

Ein letztes Mal kauften wir die Zeitung bei unserer Zeitungsverkäuferin. Sie war hübsch und 21jährig wie am ersten Tag. Ein letztes Mal tankten wir bei unserem Tankwart. Er war hilfsbereit und 65jährig wie am ersten Tag. Wir rüsteten zur Abfahrt. Allein, Rom ließ uns nicht los. Das Telefon klingelte. Monsignore Stanislaw. Sie sind eingeladen, morgen an der Frühmesse des Papstes teilzunehmen.

Rechtzeitig nahmen wir Platz in der päpstlichen Hauskapelle. Der Papst betrat den Raum. Er hielt inne. Seine Blicke glitten umher. Als suchten sie Halt. Dann bewegte er sich festen Schritts zum Altar. Ebenso fest war seine Stimme: Der Friede sei mit euch.

Nach der Messe reichte er uns die Hand, wünschte uns Gottes Segen, uns und unserer Familie. Wie er auch diesmal hinzufügte.

Hanne schenkte er einen Rosenkranz. Mir eine Medaille.

Ich beneidete Hanne.